L'ÉCOLE MUTUELLE

INVENTIONS
ET
DÉCOUVERTES

PARIS

Au bureau des Éditeurs, rue Coq-Héron, 5

ET CHEZ TOUS LES LIBRAIRES DE FRANCE

C. MAURAND

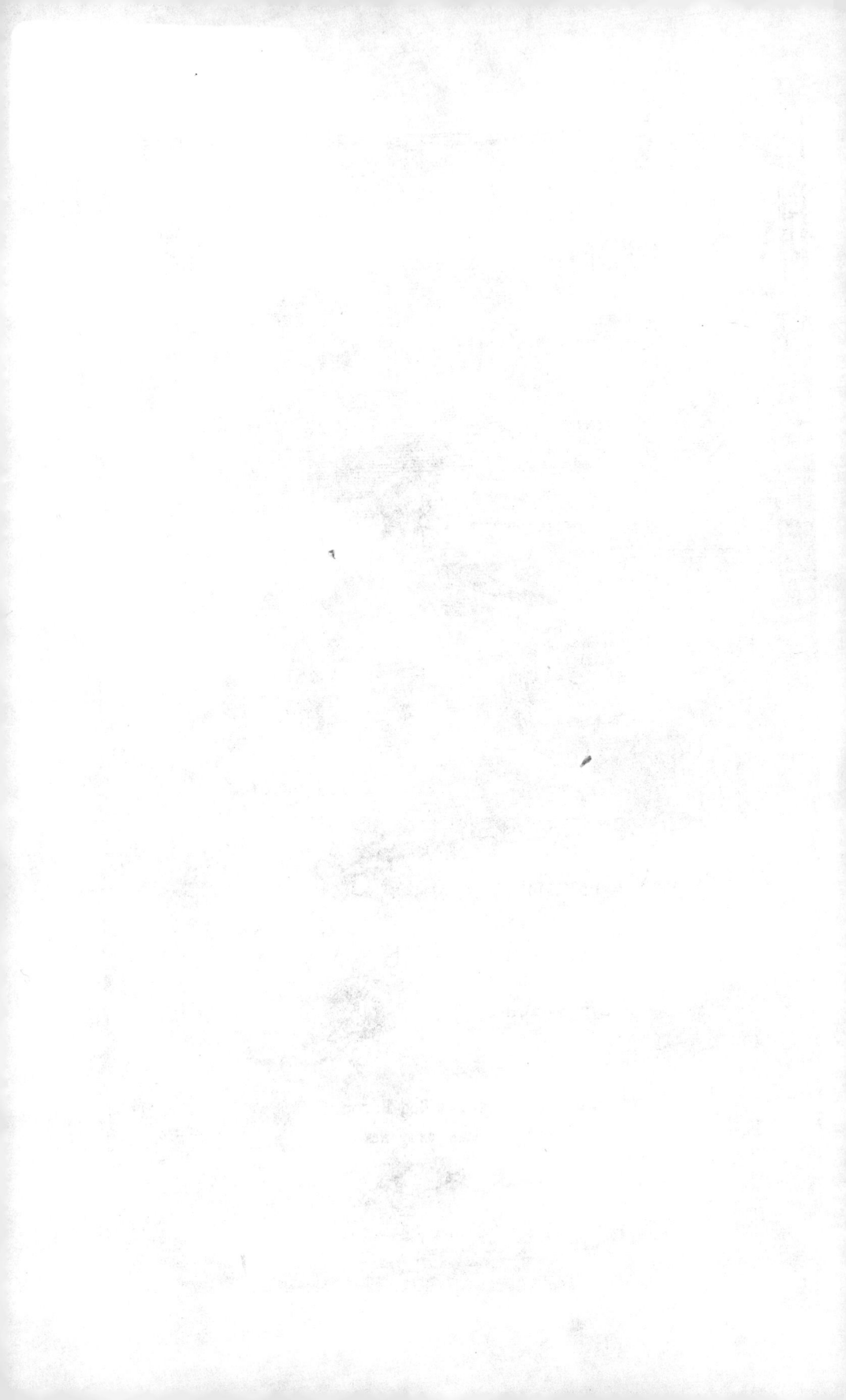

L'ÉCOLE MUTUELLE

COURS COMPLET D'ÉDUCATION POPULAIRE

INVENTIONS

ET

DÉCOUVERTES

PAR

Ch. GAUMONT

RÉDACTEUR EN CHEF DE L'ENSEIGNEMENT PROFESSIONNEL

PARIS

BUREAUX DE LA PUBLICATION

5, Rue Coq-Héron, 5

1866

INVENTIONS ET DÉCOUVERTES

CHAPITRE PREMIER

LES MOTEURS ET LEURS INVENTEURS

Moteurs animés. — Moulins à eau et à vent. — Machines à vapeur : machines fixes; bateaux à aubes, à hélices; locomotives, locomobiles. — Moteurs divers. — Le mouvement perpétuel.

Lorsque l'on considère les inventions et les découvertes dans leurs rapports avec la prospérité publique et les progrès de la civilisation, la première place appartient à celles qui nous donnent les moyens d'agir d'une manière plus puissante sur la matière et de l'approprier à notre usage avec moins de fatigue. A ce double point de vue les machines, qui multiplient à l'infini l'action de l'homme et lui permettent d'utiliser sa force, et celle des animaux, ou de tirer parti des phénomènes naturels, sont les plus précieux auxiliaires du travail. Mais les machines, simples ou composées, n'agissent pas seules. Elles ne sont que des intermédiaires chargés de transmettre ou de transformer la force qui leur est communiquée soit par des moteurs animés, soit par des moteurs empruntés à la pesanteur, à l'élasticité ou à tout autre effet physique ou chimique dont l'observation révèle la puissance. C'est donc aux causes premières du mouvement qui anime aujourd'hui le grand atelier industriel qu'il faut remonter lorsqu'on veut apprécier la distance qui sépare notre époque des temps où l'homme ne connaissait d'autre agent de production que lui-même, où il ne possédait pas les instruments de sa liberté.

Cette étude nous mettra à même d'indiquer les principaux inventeurs et de nous rendre compte des inventions et des découvertes les plus remarquables.

L'antiquité n'avait d'autres moteurs que l'esclave, le bœuf, l'âne ou le cheval. Les besoins les plus urgents, ceux mêmes qui demandent, comme la mouture du grain, un labeur presque quotidien, n'éveillaient pas l'esprit d'invention chez les peuples les plus avancés sous le rapport des lettres et des arts.

Ainsi, les moulins étaient à bras; chaque ménage avait le sien, qu'un âne ou des es-

claves faisaient tourner, ou bien ce travail
humiliant et pénible devenait la tâche des
prisonniers de guerre et des citoyens dégra-
dés. On a retrouvé dans les ruines de Pom-
péï, tout auprès des boutiques de boulangers,
des spécimens de ces moulins primitifs : une
grosse pierre creusée est placée comme un
chapeau sur une autre pierre fixée au sol et
taillée en cône. Le grain tombe entre ces
deux espèces de meules par un trou ménagé
au-dessus, il est broyé à mesure que l'on
tourne la pierre supérieure. Les Kabyles
d'Algérie emploient encore ce moulin, tandis
que les femmes arabes écrasent simplement
le grain entre deux pierres. Les Hébreux
avaient des moulins portatifs dont l'usage
passa aux Grecs; mais jusqu'après leurs conquêtes en Asie, les Romains pilèrent leur
blé. Plus tard, les *moulins à eau* furent inventés. Ils étaient connus à Rome au temps
d'Auguste et se généralisèrent seulement
dans l'Empire sous Honorius et Arcadius,
environ 380 ans après l'ère chrétienne. Les
moulins à eau furent importés en France au
commencement de la monarchie; mention
en est faite dans la loi salique. Quant aux
moulins à vent, qui sont aussi d'origine
orientale, ils étaient inconnus à Rome du
temps de Vitruve; leur importation en Europe paraît être due aux croisés vers 1040
ou 1050.

Quoi qu'il en soit de l'exactitude de ces dates, ce qui est hors de doute, c'est que, pendant des siècles, les nations les plus civilisées ne firent aucun progrès dans la voie des améliorations sur lesquelles reposent l'indépendance et le bien-être des nations modernes. A quoi tient cette infériorité vraiment étrange, lorsqu'on la compare à l'essor prodigieux que prirent les beaux-arts en Grèce et à Rome? Elle tient surtout à ce que les sociétés antiques avaient pour base l'esclavage. Le travail manuel, considéré comme une déchéance et nécessairement méprisé, ne pouvait perfectionner ses procédés. Les plus célèbres philosophes partageaient à cet égard les préjugés de leurs concitoyens. Aristote justifiait la servitude au sein des républiques grecques en disant : « L'esclavage ne sera aboli que le jour où le fuseau et la navette marcheront seuls. » Plus tard, Sénèque, au milieu de la corruption de l'Empire romain, s'indignait encore contre ceux qui attribuaient certaines découvertes à des *sages*. « Elles appartiennent, s'écriait-il, à de vils esclaves; la sagesse ne forme pas les mains au travail, elle dirige les âmes... Encore une fois, elle ne fabrique pas des ustensiles pour les usages de la vie ; pourquoi lui assigner un rôle si humble ? » Au reste, les philosophes qui professaient ces doctrines n'étaient que conséquents en prêchant le retour aux mœurs primitives, car les recherches du bien-être et du luxe sont interdites aux nations qui n'ont d'autre instrument de production que l'esclave. La décadence et la chute de l'empire romain en sont la preuve. Il arrive un moment où les besoins s'accroissent outre mesure et où l'esclave, qui n'a que ses bras pour satisfaire aux exigences d'une société plus raffinée, devient impuissant. Alors les cités absorbent les individus que l'agriculture réclame, l'esclave est écrasé de travail, l'outil humain disparaît et le ressort de l'action est brisé. Avec les moyens grossiers et incomplets dont pouvait disposer autrefois l'industrie, il a fallu épuiser plusieurs générations pour léguer à la postérité ces monuments qu'on admire sans penser au sang et aux larmes qu'ils ont coûtés. L'antiquité, mettant Hercule au rang des demi-dieux, pour avoir vaincu l'hydre de Lerne, c'est à dire pour avoir desséché un marais grand comme la place de la Concorde, travail qui de nos jours ne demanderait pas une dépense de plus de vingt mille francs, donne la mesure des efforts que l'homme ignorant est obligé d'accomplir.

En effet, malgré toute l'adresse déployée par l'homme dans l'emploi de sa force physique, malgré les outils et les combinaisons mécaniques inventés pour utiliser cette force et celle des animaux domestiques, sa puissance serait très-bornée s'il ne pouvait appeler la vapeur à son aide. Les travaux exécutés sous Louis XIV ne sont rien auprès de ceux auxquels a donné lieu le réseau des chemins de fer, et cependant la mémoire du « grand roi » reste chargée des malédictions de ses contemporains pour avoir dilapidé les éléments de la richesse publique.

Examinons quelle est la valeur de l'*homme employé comme force motrice*. Un homme appliquant sa tension musculaire dans les meilleures conditions, c'est-à-dire soulevant un poids placé entre ses jambes, fait un effort évalué en moyenne à 130 kilogrammes. Mais la force développée dans ce cas ne peut servir à calculer la quantité de travail fournie par les moteurs humains, parce que l'effort ne serait pas soutenu. Il en est de même pour le cheval de trait, dont la traction atteint, au maximum, et pour quelques instants, les deux tiers de sa propre pesanteur. Les insectes sont mieux doués. Le hanneton commun tire quatorze fois son poids et l'on cite encore un autre coléoptère qui fait équilibre à quarante-deux fois son poids par sa simple traction. Ainsi la puissance musculaire de l'homme est inférieure de beaucoup à celle des autres êtres créés, et il est constaté que la plus grande quantité de force motrice qu'il puisse fournir journel-

lement sans déperdition consiste dans l'élévation de son propre corps, qui agit ensuite
par sa pesanteur. Voici comment on emploie
la descente du poids d'un homme à élever
un fardeau d'un poids équivalent, et à une
hauteur à laquelle il remonte chaque fois
sans charge, par une pente douce ou un escalier. Que l'on suppose, par exemple, deux
plateaux disposés au moyen d'une corde et
d'une poulie à peu près comme les seaux
d'un puits ; qu'un manœuvre se place avec
une brouette vide dans le plateau supérieur
tandis qu'une brouette chargée de terre lui
fera contre-poids dans le plateau inférieur :
si les deux poids sont en équilibre, une légère secousse déterminera la descente de
l'homme et l'élévation de la charge. En re-
levant son propre poids, ou pour mieux dire
en remontant l'escalier pour prendre position dans le plateau débarrassé de terre, le
manœuvre aura donc réussi à élever un fardeau égal à sa propre pesanteur, sans autre
fatigue que l'élévation de son corps ; en re-
nouvelant cette opération, il finira par transporter sans trop de peine une masse de terre
considérable. Ce système est appliqué avec
succès dans les travaux de terrassement. Un
simple pelleur occupé à la même besogne
produirait sept fois moins.

Pour apprécier la puissance d'un moteur,
il est indispensable de s'entendre sur une

unité propre à en exprimer le travail mécanique. L'élévation verticale d'un fardeau,
comme dans le cas que nous venons de citer,
contient tous les éléments de cette mesure
et réunit les trois termes nécessaires pour
évaluer l'effort : 1° le poids; 2° la hauteur
ou distance parcourue; 3° la vitesse d'ascension ou le temps qu'elle a duré. En tradui-
sant ces termes par un kilogramme, un mètre, une seconde, et en les confondant sous
une même dénomination, on a le *kilogram-
mètre*, ou unité dynamique, qui représente
toujours le travail nécessaire pour élever un
kilogramme à un mètre de hauteur en une
seconde de temps.

C'est sur cette base que sont établies les
tables des quantités de travail fournies en
une journée et dans diverses conditions par
les moteurs animés.

On y remarque que le manœuvre travail-
lant huit heures par jour à élever le poids
de son corps dans l'appareil à deux plateaux
produit 280,800 kilogrammètres; qu'en agis-
sant sur une roue à chevilles ou un tambour
également par sa pesanteur, il n'obtient dans
le même temps que 256,000 kilogrammètres;
enfin qu'en appliquant sa force musculaire à
faire tourner une manivelle, il n'arriverait
qu'à 172,000 kilogrammètres. Un cheval at-
telé à un manége est dans des conditions
analogues à celles d'un homme se servant

d'une manivelle, et il équivaut à près de sept hommes.

Voilà donc quelles sont les étroites limites imposées par la nature au déploiement des forces motrices de l'homme et de l'animal! Mais ce n'est pas seulement à l'aide de sa force physique que l'homme agit sur la matière, c'est surtout par son intelligence. Si le manœuvre ne vaut que par son poids, l'homme instruit perfectionne les inventions que les générations antérieures lui ont transmises, et à mesure que la science leur fait découvrir de nouvelles lois, il les applique à la satisfaction de ses besoins et de ses désirs.

Il ne faudrait pas conclure de ce qui précède que les anciens ne possédaient aucune industrie. Ce que nous savons de la vieille Egypte établit que l'emploi des leviers, des roues dentées, des poulies, et par conséquent, de machines remonte à plus de 3,000 ans. Les écrits des Grecs et des Romains nous fournissent aussi des renseignements sur plusieurs inventions. Ainsi Platon attribue à *Archytas* de Tarente l'invention de la vis, des mouffles et l'accuse à ce sujet d'avoir corrompu la géométrie en la faisant descendre, comme une esclave, à de basses applications; Sénèque, de son côté, reproche à Possidonius de prétendre qu'*Anacharsis* a imaginé la roue du potier de terre. Nous pourrions

multiplier ces citations ; qu'il nous suffise de
dire que la plupart des procédés industriels
restaient à l'état rudimentaire, car les forces
naturelles ne pouvaient être étudiées à une
époque où la science était incomplète et où elle
n'était le partage que de quelques privilégiés.

Cependant à la tête des inventeurs les plus
célèbres, nous devons placer *Archimède*, qui
vivait à Syracuse, en Sicile, 287 ans av. J.-C. et
qui appliqua ses connaissances mathématiques
à la solution des problèmes les plus importants.
On lui doit la découverte de plusieurs principes sur lesquels repose cette partie de la physique appelée hydrostatique, qui a pour objet l'étude des fluides à l'état d'équilibre. Il
reconnut le premier qu'un corps plongé dans
un liquide y perd une portion de son poids
égale au poids du liquide déplacé. Il inventa
la vis creuse qui porte son nom et sert à
épuiser l'eau à de petites profondeurs. Tout
le monde connaît sa fameuse exclamation
un jour qu'il démontrait la propriété des leviers : « donnez-moi un point d'appui, et je
soulèverai la terre ! » Gardons-nous néanmoins de prendre cette assertion trop à la
lettre ; quoique mathématiquement exacte,
elle demande à être expliquée. En supposant
un levier dont le point d'appui ne serait qu'à
un mètre de distance de la terre et dont le
grand bras aurait pour longueur 4,800 fois
la distance des étoiles les plus rapprochées de

nous ; si un homme agissait à l'extrémité de
ce levier avec une vitesse d'un mètre par seconde et un effort soutenu de 50 kilog., il
lui faudrait plus de 3,000 ans pour soulever
le globe de la millionnième partie d'un mil-
limètre. Nous ne rappelons d'ailleurs ce ca'-
cul que pour répéter une fois de plus que ni
les leviers ni les machines ne créent de force.
Ce qu'on gagne en puissance on le perd en
vitesse, il ne faut jamais perdre de vue cct
axiome de la mécanique. On gratifie encore
Archimède d'une foule de découvertes qui appartiennent à ses devanciers ou dont l'authen-
t'cité n'est pas vérifiée ; entre autres celle
du fameux miroir ardent avec lequel il brû-
lait, assure-t-on, les vaisseaux romains qui
bloquaient Syracuse. Ces récits légendaires
attestent l'admiration qu'inspirait à ses contemporains l'illustre géomètre dont la vraie
gloire est d'avoir, un des premiers, fait avancer à la fois la partie spéculative et la partie pratique de la science.

Quelque incontestable que fût le génie
d'Archimède, bien des siècles devaient s'é-
couler avant que *l'analyse* et la *méthode*,
ces deux premiers instruments de l'esprit,
vinssent dégager la raison humaine de ses
entraves. L'histoire des classes ouvrières jusqu'en 1789 est l'histoire de la servitude, et
l'histoire des savants n'est qu'une longue
suite de souffrances et de persécutions. Le

travail a donc, dans ses deux grandes mani-
festations, subi les mêmes misères ; espérons
que cette commune infortune servira un
jour à sceller l'alliance de la pratique et de
la théorie.

L'origine des sciences physiques, qui permettent de remonter des effets aux causes,
ne date guère que de la fin du seizième siècle.
Avant cette époque, il est vrai, quelques intel-
ligences d'élite essayèrent d'élargir le cercle
des connaissances ; au moyen âge, un physicien resté célèbre, le moine Gerbert, qui devint pape en 999, sous le nom de Sylvestre II,
Albert le Grand, Roger Bacon, et d'autres
que nous retrouverons plus tard, furent tour
à tour accusés de magie et persécutés pour
avoir voulu faire profiter le monde chrétien
des traditions scientifiques importées en Europe par les Arabes. Ce qu'on enseignait
alors dans les écoles n'était qu'un composé
bizarre de conceptions mystiques et de so-
phismes empruntés à une fausse érudition.
Les commentaires des écrits d'Aristote tenaient lieu de science, et le catholicisme, en
érigeant en dogme le mépris des choses ter-
restres, ne fit que retarder l'avénement de la
philosophie expérimentale. Aux préjugés anciens s'ajoutèrent des préjugés nouveaux.
Cette servitude de l'esprit dura longtemps.
Peut-être en retrouverait-on quelques traces
de nos jours ?

Un des premiers apôtres de l'expérience fut cet humble « ouvrier de terre » qui a nom *Bernard Palissy*. Il naquit vers 1510, à la Chapelle Biron dans le Périgord. En parlant de la céramique, nous aurons à faire le récit des découvertes de cet incomparable artiste. On a célébré de toutes les manières sa courageuse persévérance au milieu des déceptions et des plus cruelles épreuves, mais cet homme extraordinaire n'est pas assez connu par le côté chercheur et scientifique. Son profond savoir embrassait toutes les sciences. « Je ne dis rien que je ne le prouve. » Telle était sa méthode. Aussi, quand Bernard Palissy, « simple artisan bien pauvrement instruit aux lettres, » comme il se qualifiait lui-même, ouvrit à Paris des conférences publiques pour propager les vérités qu'il avait recueillies, vit-on les personnages les plus importants assister à ses leçons. Les sciences naturelles étaient alors dans leur enfance; la scolastique envahissait tout. Bernard Palissy porta dans ce chaos le flambeau de l'observation. Il substitua le principe fécond de l'expérience au principe stérile de l'autorité, et, dans toutes les matières dont il s'occupa, il fit faire de notables progrès à la science. Malheureusement pour lui, Palissy était protestant. Lorsque la ligue se fut emparée de la capitale, on l'arrêta et on le jeta à la Bastille (1588). Menacé de

mort par Henri III s'il ne se convertissait :
« Je sais mourir, » répondit l'illustre martyr. Il ne mourut cependant pas de mort
violente et s'éteignit en prison à l'âge de
quatre-vingt-dix ans.

Nous n'avons pas à retracer les phases du
mouvement philosophique, bien que le développement des sciences soit lié à la liberté
de penser; mais nous citerons encore François Bacon et Descartes, parmi les principaux réformateurs des réformes scientifiques.

François Bacon, né à Londres en 1561,
mourut en 1626. Sa vie politique appartient
à l'histoire, et nous ne nous occupons de lui
qu'en raison de l'influence que ses travaux
exercèrent sur le monde savant. Il substitua
aux vaines hypothèses l'observation des faits,
et aux subtiles argumentations des rhéteurs
une induction légitime; en un mot, il est le
créateur de cette science nouvelle qui découvre les lois de la nature en se fondant sur
le plus grand nombre possible de comparai-
sons et d'expériences.

Le second réformateur que nous venons
de nommer, *René Descartes*, naquit à la
Haye en Touraine, en 1496. Il fut obligé de
se retirer en Hollande, où il séjourna 25 ans,
pour se livrer à ses travaux philosophiques.
Ses principaux ouvrages sont le *Discours sur
la méthode*, les *Règles pour la direction de*

l'esprit, et celui intitulé : *Principes de philosophie naturelle*. Ces différents écrits opérèrent une véritable révolution dans les esprits. Il est en dehors de notre sujet d'exposer les principes du fondateur de l'école rationaliste moderne ; bornons-nous à extraire du *Discours sur la méthode* le passage où il dit : « Qu'il est possible de parvenir à des connaissances qui soient fort utiles à la vie, et que, au lieu de cette philosophie spéculative qu'on enseigne dans les écoles, on en peut trouver une pratique par laquelle, connaissant la force et les actions du feu, de l'eau, de l'air, des astres, des cieux et de tous les autres corps qui nous environnent, aussi distinctement que nous connaissons les métiers de nos artisans, nous les pourrions employer en même façon à tous les ouvrages auxquels ils sont propres, et ainsi nous rendre comme maîtres et possesseurs de la nature. »

Employer les forces naturelles à travailler au profit de l'homme, voilà le nouveau but de la science nettement défini par Descartes. A partir de ce moment, la théologie ne règne plus en souveraine, les efforts se tournent vers l'application des théories scientifiques. L'homme n'est plus condamné à végéter sur la terre, il prend possession de son domaine, et nous sommes bien près du jour où « les actions du feu et de l'eau, » combinées sous

le piston de la machine à vapeur, créeront
ces engins formidables qui assurent aux
moindres nations modernes des moyens de
production plus puissants que n'en eut jamais
l'Empire des Césars.

On a discuté longtemps la question de savoir à qui revient la gloire d'avoir découvert
la vapeur. Lorsque, à la suite des essais que
nous relaterons tout à l'heure, ce puissant
moteur fut enfin appliqué, plusieurs nations
revendiquèrent l'idée comme leur apparte-
nant. Quelques savants, jaloux du renom
acquis par d'autres, voulurent même glori-
fier l'antiquité de cette invention, au détri-
ment de leurs contemporains. Suivant eux,
Héron d'Alexandrie, qui vivait environ 120
ans avant l'ère chrétienne, aurait imaginé le
premier de se servir de la vapeur d'eau
comme force motrice. A ce compte, il est
juste de mentionner aussi Aristote et Sénèque parmi ceux qui ont soupçonné la puissance contenue dans l'eau vaporisée, puisque
ces deux savants attribuent les tremble-
ments de terre à la transformation subite de
l'eau en vapeur.

Au point de vue où nous nous plaçons dans
cette étude, cette recherche rétrospective
n'offre d'intérêt que parce qu'elle montre
qu'une invention, quelle qu'elle soit, n'est
presque jamais une œuvre individuelle; elle

dépend de l'état général des connaissances, et n'est le plus souvent que le résumé des progrès accomplis et des travaux antérieurs. A mesure que nous déroulerons les faits industriels, cette vérité apparaîtra davantage. L'inventeur qui prétendrait s'isoler et tirer tout de son propre fond, s'exposerait à recommencer en pure perte des essais coûteux et inutiles. Tous les arts, toutes les sciences sont solidaires; il en est de même pour les divers métiers, et c'est quelquefois en transportant dans une profession le procédé usité dans une autre que l'on réalise de notables perfectionnements. Ainsi, s'il n'est pas absolument indispensable d'être ce qu'on appelle un *savant* pour être un *inventeur*, il faut au moins connaître ce qui a été fait dans la voie où l'on espère innover. Quelques écrivains, subissant malgré eux l'influence des vieilles traditions, personnifient volontiers les grandes inventions en un homme. Cela est bon au théâtre ou dans les romans, les sciences et l'industrie connaissent peu de ces révélateurs. Tout s'apprend ici-bas. Le génie lui-même a besoin de s'appuyer sur l'expérience, cette vieille maîtresse d'école de l'humanité. Le propre des individus les mieux doués est précisément de s'assimiler les connaissances acquises à leur époque; ils ne vont au delà de la limite atteinte par leurs devanciers que parce qu'ils savent déduire de la science de

leur temps, des conséquences nouvelles. La
juste considération qui s'attache aux travaux
des inventeurs n'est en rien diminuée par
ces observations ; elle y gagne, au contraire,
puisqu'en réduisant à sa valeur la part du
hasard, on rend un hommage plus grand à
leur mérite et surtout à leur persévérance.
Laissons donc de côté tous ces prétendus
inventeurs qui, sans avoir rien appris, ont
fabriqué des chefs-d'œuvre et résolu des
problèmes scientifiques. On fausse le juge-
ment avec ces contes et ces légendes. Les
inventions et les découvertes ne sont pas une
loterie où le premier venu court la chance
d'attraper un bon numéro ; et, dans ce cas
d'ailleurs, il n'y aurait pas plus de raison de
célébrer les inventeurs que d'admirer le
joueur qui gagne à la roulette. Non ! si
quelques ouvriers sans *instruction scolaire*
s'élèvent au premier rang dans la hiérar-
chie industrielle, ils le doivent à des études
d'un certain ordre, ignorées du vulgaire, et
il s'en faut de beaucoup que ce soient des
ignorants ; ils le doivent surtout à la direction constante de leurs facultés vers un même
but. — Comment êtes-vous arrivé à découvrir
la loi de l'attraction? demandait-on à Newton.
—En y pensant toujours, répondit-il. Ce secret
est celui de tous les hommes qui ont attaché
leur nom à une œuvre quelconque. Mais l'intelligence la plus vaste, la vie la mieux rem-

plie, ne suffisent pas pour découvrir et appliquer ces principes féconds qui changent la face du monde. Un seul inventeur réunit rarement toutes les qualités nécessaires pour tirer de son idée toutes les conséquences, ou pour résoudre les difficultés pratiques que présentent des applications auxquelles il n'avait pas songé d'abord. Nous n'insisterons pas; l'histoire de la machine à vapeur suppléera par des exemples à la brièveté de ces considérations.

Nous avons dit que l'on avait essayé de faire remonter jusqu'à Héron d'Alexandrie la découverte du moteur à vapeur. Cependant, lorsqu'au seizième siècle Descartes pensait que l'on pouvait contraindre les forces naturelles à servir l'industrie, le problème, jeté par Aristote comme un défi au progrès, n'était pas résolu. Le fuseau et la navette ne marchaient pas seuls ! Le moulin à eau ou à vent restait le dernier mot de la science appliquée. Après deux mille ans, l'homme cherchait encore la puissance mécanique qui devait l'affranchir. Il faut arriver jusqu'en 1615, à *Salomon de Caus*, pour retrouver l'indication d'une machine à vapeur propre à opérer des épuisements.

Les amis du merveilleux se sont donné libre carrière en écrivant la biographie de Salomon de Caus; ils le font mourir à Bicêtre, où Richelieu l'aurait fait enfermer comme

fou. La vérité est que si l'on connaît peu sa
vie, cet emprisonnement et cette mort n'en
sont pas moins un conte. Le martyrologe des
génies méconnus ou persécutés est assez
rempli sans qu'une tradition mensongère y
inscrive de nouveaux noms. Par une bizar-
rerie bien digne de remarque, dit Arago, un
homme que la postérité regardera peut-être
comme le premier inventeur de la machine
à feu, n'est cité dans l'histoire des mathématiques qu'à l'occasion de son traité de perspective, et encore la citation n'est-elle que
de cinq mots. La *Biographie universelle* le
fait naître et mourir en Normandie. Elle dit
qu'il habita quelque temps en Angleterre où
il fut attaché au prince de Galles, et chargé
de donner des leçons de dessin à la princesse
Elisabeth. Quand celle-ci épousa, en 1613,
Frédéric V, duc de Bavière, Salomon de Caus
la suivit en qualité d'architecte et d'ingénieur. Il publia, en 1615, à Francfort, un
ouvrage intitulé : *La raison des forces mouvantes, avec diverses machines, tant utiles
que plaisantes.* On y trouve un théorème
ainsi conçu : l'eau montera par aide du feu
plus haut que son niveau. Suivant la description de la machine proposée, il résulte
que Salomon de Caus connaissait la force
élastique de la vapeur. Toutefois, si le premier emploi de la vapeur dans un appareil
quelconque, comme principe de mouvement,

donne à Héron et à Salomon de Caus quelques droits d'être considérés comme les précurseurs de Papin, on peut dire que si l'un ou l'autre se trouvait aujourd'hui transporté devant une machine de Watt, il ne soupçonnerait guère que c'est la vapeur d'eau qui engendre son mouvement. Le marquis de Worcester, l'italien Branca n'ont fait que reprendre l'idée de Salomon de Caus ; c'est donc véritablement à Denis Papin que revient l'honneur d'avoir combiné le premier, dans une même machine à feu et à piston, la force élastique de la vapeur d'eau avec la propriété dont cette vapeur jouit de se condenser par le froid.

Avant que d'exposer les travaux de Denis Papin, quelques explications préalables sont nécessaires. On sait maintenant que l'air est pesant ; mais jusqu'aux expériences de *Galilée*, de *Torricelli*, de *Périer*, de *Blaise Pascal*, d'*Otto de Guericke*, on n'expliquait l'élévation de l'eau dans les tuyaux des pompes aspirantes que par l'horreur de la nature pour le vide. On supposait que l'eau, plutôt que de laisser vide le tuyau d'où l'air était extrait, se décidait à y monter. Cette réponse que Galilée fut obligé de faire, faute d'une meilleure, à un jardinier qui lui demandait la raison de ce phénomène, satisfaisait néanmoins assez mal l'illustre penseur, et puis elle ne résolvait rien. En effet, l'eau ne monte dans les tuyaux qu'à 32 pieds, environ 10 mètres. Pourquoi? Est-ce que la nature n'a horreur du vide que jusqu'à cette hauteur? C'était là un effet auquel les savants n'assignaient pas de cause. Galilée s'efforça de la découvrir; aidé par Torricelli, son élève, il reconnut et démontra que l'air a, comme tous les corps, un certain poids. Lorsqu'on a soutiré l'air contenu dans un tuyau plongé dans un liquide, l'air extérieur presse la surface de ce liquide et le chasse dans le corps de la pompe. Si l'eau ne monte pas au-dessus de 32 pieds, c'est parce que, parvenue à cette hauteur, la colonne liquide fait équilibre par son poids à la pesanteur atmosphérique. Les conséquences de cette découverte sont considérables; nous en reparlerons à propos de l'invention du baromètre et des travaux de Blaise Pascal. L'étude de la pesanteur de l'air est, au reste, l'une des importantes questions de physique du dix-septième siècle. Un savant allemand, Otto de Guericke, né à Magdebourg en 1602, imagina la pompe à air, appelée machine pneumatique et destinée à faire le vide. Dans de curieuses expériences, connues sous le nom d'expériences des hémisphères de Magdebourg, Otto de Guericke réunit deux demi-sphères creuses en cuivre, et, plaçant entre elles un cuir mouillé, il soutira l'air de leur capacité intérieure à l'aide de sa machine pneumatique. Ainsi préparé, ce globe résistait à tous les efforts tentés pour en séparer les deux parties, et cette résistance était proportionnelle au diamètre de l'appareil ; une première fois, seize chevaux tirant en sens contraire furent impuissants ; une autre fois, l'effort de vingt-quatre chevaux ne put rompre l'adhérence, et les deux hémisphères supportèrent, sans se séparer, un poids de 5,400 livres.

On conçoit combien les démonstrations pratiques du physicien de Magdebourg tenaient en éveil l'imagination des inventeurs. Chacun comprenait que du jour où on parviendrait à opérer facilement le vide, on aurait à son service une force énorme, la pression atmosphérique étant égale à plus d'un kilogramme par centimètre carré. Il était réservé à Denis Papin de découvrir le moyen de s'emparer de cette force et de la mettre au service de l'humanité.

Denis Papin est né à Blois, vers 1650. Il étudia la médecine et prit ses grades à Paris ; mais la physique et la mécanique l'absorbèrent bientôt tout entier. Il passa en Angleterre où Boyle, qui l'avait associé à ses expériences sur la nature de l'air, le fit recevoir membre de la Société royale de Londres, en 1681. La vie de cet homme de génie n'est qu'un long martyre. Chassé de France par l'édit de Nantes, qui lui interdisait comme protes-

tant l'exercice de la médecine, il se réfugia
tour à tour en Angleterre et en Allemagne et
revint mourir pauvre et ignoré à Londres vers
1710. Il était trop en avance sur son siècle
pour être compris. Cependant l'époque où
vécut Papin restera célèbre dans les fastes de
l'intelligence, car elle est celle de la régéné-
ration scientifique de l'Europe. Colbert attirait alors à Paris les savants français et
étrangers. Papin y connut Huyghens, célèbre
mathématicien hollandais qui, imbu des idées
du temps, cherchait à combiner un moteur
universel. Ils construisirent ensemble un appareil dans lequel ils s'efforcèrent de produire presque instantanément le vide, afin
d'utiliser le poids de l'atmosphère.

Cette machine fort simple consistait en un
cylindre de métal, fermé seulement à sa
base par une soupape; dans l'intérieur se
mouvait un piston qui le remplissait exactement. En brûlant de la poudre sous ce piston, l'air contenu dans le cylindre s'échap-
pait par la soupape au moment de l'explosion,
et le vide était produit. Aussitôt la pression
atmosphérique s'exerçait sur la tête du piston et le chassait dans le corps de cette espèce de pompe.

Toutefois, cet appareil fonctionnait mal
« après l'extinction de la poudre enflammée,
dit Papin dans ses notes, il restait toujours
dans le cylindre la cinquième partie de l'air.

J'ai donc essayé de parvenir par une autre route au même résultat, et comme l'eau a la propriété, étant réduite en vapeurs par l'action de la chaleur, de faire ressort comme l'air et revient ensuite à l'état liquide par le refroidissement, sans conserver la moindre apparence de sa force élastique, j'ai cru qu'il serait facile de construire des machines où l'eau, par le moyen d'une chaleur médiocre et à peu de frais, produirait ce vide parfait qu'on a inutilement cherché par le moyen de la poudre à canon. »

L'appareil construit par Papin pour réaliser cette théorie était toujours composé d'un tube cylindrique et d'un piston ; seulement avant d'introduire celui-ci, on mettait dans le cylindre, au lieu de poudre, une petite quantité d'eau qui, soumise à l'action du feu ne tardait pas à se vaporiser et à déterminer l'ascension du piston dans le cylindre, puisque la vapeur d'eau bouillante occupe une place 1696 fois plus considérable que le liquide même. Une sorte de cliquet ou de verrou maintenait alors le piston : on retirait le feu à cet instant et les vapeurs renfermées dans le tube se résolvaient bientôt en eau par l'action du froid, en laissant l'espace compris entre le piston et le fond du tube parfaitement vide d'air. Lorsqu'on dégageait le verrou, le piston soumis dans sa partie supérieure à la pression du poids de l'atmosphère se précipitait avec d'autant plus de force que son diamètre était plus grand. Le corps de pompe dont Papin faisait usage dans ses démonstrations n'avait que deux pouces et demi de diamètre et ne pesait que cinq onces. A chaque oscillation il élevait cependant soixante livres d'une quantité égale à celle que mesurait l'étendue de la course descendante du piston (*Extrait des actes de Leipzig*, août 1690). La puissance d'une machine de cette nature peut être énorme, puisque la pression atmosphérique est de 10,000 kilogrammes par mètre carré.

Comme Salomon de Caus et le marquis de Worcester, Denis Papin pensa à utiliser sa combinaison à l'épuisement des mines, mais il savait aussi que le mouvement de va-et-vient de son piston devait recevoir d'autres applications et devenir un moteur universel, en transformant ce mouvement alternatif en mouvement de rotation. «Comment, dit-il à ce sujet, peut-on employer cette force pour tirer hors des mines l'eau et le minerai, pour lancer des globes de fer, pour naviguer contre le vent et pour faire d'autres applications, c'est ce qu'il serait trop long d'examiner. Mais chacun doit imaginer un système de machine approprié au but qu'il se propose... Je ne puis, ajoute-t-il, m'empêcher de remarquer combien cette force serait préférable à celle des galériens pour aller vite en mer. » Suit la critique des moteurs animés qui occupent un grand espace et consomment beaucoup, lors même qu'ils ne travaillent pas.

En raison de ses expériences scientifiques, de ses essais pratiques et de ses écrits, Denis Papin est le véritable inventeur de la machine à vapeur aqueuse et à piston ; il a, en outre, imaginé le premier les bateaux à vapeur. En effet, le bateau mis en pièces par les bateliers du Weser qui lui refusaient le droit de naviguer sur ce fleuve, était mu par une machine à feu.

Il n'est pas prouvé, d'ailleurs, que Salomon de Caus et le marquis de Worcester aient jamais fait construire les machines de leur invention, et ce ne fut qu'après que Denis Papin eut publié le résultat de ses expériences que l'anglais *Savery* exécuta en grand une machine à épuisement où la force élastique de la vapeur poussait l'eau dans un tube vertical. La première machine qui ait rendu de véritables services date de 1705 ; c'est celle de Newcomen qui réalisa industriellement l'idée émise par Papin en 1690.

Newcomen était forgeron, d'autres disent serrurier, et exerçait sa profession à Darmouth, dans le Devonshire. Il correspondait avec Hook, secrétaire de la Société royale de Londres, et l'un des savants les plus ingénieux de l'Angleterre. Un passage

d'une lettre de Hook attira plus particulièrement son attention: « Si M. Papin, y
était-il dit, pouvait faire subitement le vide
sous son piston, toute difficulté serait vain-
cue. » Ce vide, Newcomen parvint à l'obtenir en enveloppant son corps de pompe d'un
cylindre dans lequel il introduisait un jet
d'eau froide qui condensait immédiatement la
vapeur sous le piston. John Cawley, un vitrier
qui habitait la même ville que Newcomen,
travaillait avec lui, et ils durent s'associer
avec Savery, déjà possesseur d'un privilége.
Pour éviter toute contestation, la patente fut
prise au nom des trois compétiteurs, qui s'at-
tribuèrent ainsi, dans le projet emprunté à
Papin, les deux premiers l'idée de la machine
à vapeur à piston, le troisième l'idée de la
condensation. Suivant Arago, le hasard apporta son contingent aux perfectionnements
de la combinaison : « Au commencement du
dix-huitième siècle, lisons-nous dans les *Noti-
ces scientifiques*, l'art de construire de grands
corps de pompe parfaitement cylindriques,
l'art d'ajuster dans leur intérieur des pistons
mobiles qui les fermassent hermétiquement,
étaient très-peu avancés. Aussi, dans la machine de 1705, pour empêcher la vapeur de
s'échapper par les interstices compris entre
la surface du cylindre et les bords du piston, ce piston était-il constamment couvert
à sa surface supérieure d'une couche d'eau

qui pénétrait dans tous les vides et les remplissait. Un jour qu'une machine de cette espèce marchait sous les yeux des constructeurs, ils virent, avec une extrême surprise,
le piston descendre plusieurs fois de suite,
beaucoup plus rapidement que de coutume.
Cette vitesse leur parut d'autant plus étrange,
que le refroidissement produit par le courant
d'eau froide, qui descendait extérieurement
le long de la surface du corps de pompe,
n'avait amené jusque-là la condensation de
la vapeur intérieure qu'assez lentement.
Après vérification, il fut constaté que ce
jour-là c'était d'une tout autre manière que
le phénomème s'opérait : le piston se trouvait accidentellement percé d'un petit trou,
l'eau froide qui le recouvrait tombait dans
l'intérieur même du cylindre, par goutte-
lettes, à travers la vapeur, la refroidissait et
dès lors la condensait rapidement.

« Depuis cette époque on a muni les *machines atmosphériques* d'une ouverture en
pomme d'arosoir... Je regrette beaucoup de
ne pouvoir point désigner ici celui des trois
associés dont l'esprit inventif vit sur-le-
champ, dans l'événement imprévu dont j'ai
rendu compte, le principe d'un perfectionnement qu'on retrouve encore dans les machines d'aujourd'hui ; mais la tradition ne
ous a rien appris à cet égard. »

Nous avons souligné à dessein le nom de

machines atmosphériques, donné à la machine de Newcomen, parce que c'est à la pression de l'atmosphère qu'elles doivent leur effet utile. Ainsi la machine à vapeur, qui semble aujourd'hui n'avoir été imaginée que pour utiliser la puissance élastique de l'eau vaporisée, la machine à vapeur telle que l'ont inventée Papin, Savery, Newcomen, n'agissait à son origine que par l'emploi mécanique de la pression de l'air. Du *va-et-vient* produit par une rupture périodique d'équilibre, on ne considérait que le mouvement de retour; on conduisait la vapeur pour obtenir la descente du piston et l'on négligeait la force produite par le développement instané de la vapeur : ce n'était pas un ressort que l'industrie avait conquis, mais un poids. Il restait donc bien des progrès à accomplir pour transformer ces énormes engins mécaniques, condamnés à la fixité, en ces élégantes *locomobiles* qui transportent partout où il est nécessaire la force recelée dans leurs flancs. A James Watt était réservée la gloire de continuer Denis Papin.

James Watt est né en 1736, à Greenock, petit village sur les bords de la Clyde, en Ecosse. Son père, d'après certaines biographies, était négociant, et, selon d'autres, maître d'école. Quoi qu'il en soit, sa famille paraît avoir été estimée, mais pauvre, car James Watt ne reçut d'autre instruction que

celle des écoles gratuites. Sa constitution
faible lui donna de bonne heure l'habitude
de la méditation et de la retraite. De 16 à 20
ans il fit son apprentissage dans un petit
atelier où l'on fabriquait des compas, des cadrans solaires et des appareils de physique.
Il alla ensuite travailler à Londres chez un
fabricant d'instruments de mathématiques ;
mais il tomba malade et dut revenir en Ecosse,
et il eut le bonheur, tout jeune encore, d'être
chargé par l'Université de Glascow de conserver et de réparer ses modèles.

Une petite machine de Newcomen qui faisait partie de cette collection ayant besoin
de réparation, Watt y trouva des défauts et
s'ingénia à y remédier. Plusieurs années se
passèrent en essais infructueux. Il quitta l'U-
niversité en 1764 après s'être marié, et exerça
pour vivre la profession de géomètre-arpen-
teur, comme Bernard Palissy à ses débuts.
Enfin grâce au concours financier du docteur Roëbuck il put exécuter en 1768 sa machine perfectionnée. Elle fut établie sur le
puits d'une mine de houille à Kinnel. En
1773, un fabricant de Birmingham, Mathew
Boultin devint son associé ; le docteur Roëbuck s'était retiré volontairement. La nouvelle société prit bientôt une importance
considérable et obtint du parlement que le
privilége obtenu en 1768, et qui allait expi-
rer, fût prorogé jusqu'en 1800. A partir de

INVENTIONS.   2

cette époque (1775) le sort devint favorable
à l'entreprise et dédommagea Watt de ses
tourments et de ses labeurs. Les principales
sociétés savantes lui ouvrirent leurs portes ;
l'Institut de France le choisit dès 1808 pour
correspondant, et le nomma en 1814 l'un de
ses huit associés étrangers. Parvenu à un
âge avancé, possesseur d'une brillante fortune fruit de ses découvertes, entouré de
l'estime générale, Watt quitta les affaires. Il
mourut le 25 août 1819, après une courte maladie, à l'âge de 84 ans.

La principale amélioration que Watt apporta à la machine de Newcomen consiste
dans l'addition d'un *condenseur*, c'est-à-dire
d'une capacité séparée dans laquelle la condensation de la vapeur a lieu par injection
d'eau froide. Les machines atmosphériques
marchaient avant cette innovation dans des
conditions qui paraissaient inconciliables. Il
fallait, d'une part, que les parois du corps
de pompe fussent refroidies aussi complète-
ment que possible, afin d'anéantir très-vite la
résistance opposée à la descente du piston
par l'élasticité de la vapeur ; tandis que
d'autre part, la formation rapide de cette vapeur nécessaire pour la production du vide
exigeait que pendant le mouvement ascen-
dant ces mêmes parois fussent à une température élevée. Watt obtint ce double résultat en opérant la condensation de la vapeur

dans un récipient séparé totalement distinct
du corps de pompe, et ne communiquant
avec lui que par un tube étroit. On fit par
ce moyen une notable économie de temps et
de combustible. L'accélération du va-et-vient
du piston augmenta la somme du travail
utile de la machine ; quant au bénéfice réalisé
sur le charbon, il est facile de l'apprécier en
se reportant aux clauses du contrat passé
entre la société Watt et Boulton et ceux qui
désiraient profiter des avantages de leur système. Pour accorder la permission de substituer leurs machines à celles dites de Newcomen, ils demandaient la valeur du tiers de la
quantité de charbon dont chaque nouvelle
machine, à égalité de force, procurait l'économie. On cite des propriétaires de mines
dans le Cornouailles, où trois machines étaient
en jeu, qui rachetèrent le droit des inventeurs
pour une somme annuelle de 60,000 francs,
ce qui montre que l'emploi du condenseur
avait permis d'économiser plus de 180,000
francs par an sur le chauffage des chau-
dières.

Les perfectionnements de Watt ne devaient pas s'arrêter là. Comme appareil d'é-
puisement, la machine atmosphérique remplissait tout à fait son but ; néanmoins, le
moteur universel, la machine à vapeur actuelle, restait à trouver. Le célèbre mécanicien écossais y parvint par degré ; il ferma d'a-

bord hermétiquement le cylindre dans lequel
se meut le piston, et ne laissa au couver-
cle métallique, qu'il ajoutait, qu'un trou garni
d'étoupe, destiné au passage d'une tige reliée
au piston. L'intérieur du corps de pompe se
trouvait dès lors séparé en deux parties. En
faisant arriver alternativement la vapeur
dans l'une ou l'autre de ces capacités, ou
pour mieux dire dessus ou dessous le piston,
on chassait celui-ci dans l'un ou l'autre sens.
La puissance élastique de la vapeur produisait alors directement ce mouvement de va-
et-vient obtenu artificiellement par la pression atmosphérique, et avec l'incontestable
avantage de pouvoir utiliser l'ascension
comme la descente du piston. A dater de ce
moment, le poids fit place à l'élasticité ; la
force contenue dans cette antithèse naturelle, l'eau et le feu, put enfin se dégager,
et l'industrie fut mise en possession de son
grand ressort universel. Ce ressort formidable, incessamment remonté, anime aujour-
d'hui tous ces automates de fer et de bois
qui pour nous servir du magnifique langage
d'un écrivain moderne (1), composent « une
seconde humanité matérielle, muette, infatigable, incommensurable, qui représente la
force accumulée de vingt nations, qui broie
le fer, qui tisse le fil, qui pétrit le cuivre,

(1) Eugène Pelletan.

qui scie le bois, qui va, qui vient, qui jette le vaisseau d'une rive à l'autre de l'Atlantique avec la rapidité de l'hirondelle, et lance la multitude errante à travers chaque frontière en secouant au vent son panache de fumée! »

Ainsi, de la mine, l'action du nouveau moteur s'étendit d'abord à l'usine, à la fabrique ; puis, grâce au génie de Fulton. la vapeur remplaça les rames et les voiles, et s'empara de la mer ; enfin, l'invention de la chaudière tubulaire, due à Marc Séguin, permit à la locomotive, combinée par Stephenson, de s'élancer sur toutes les routes, dans toutes les directions et de répandre dans l'univers entier, avec des milliers de voyageurs, tous les produits industriels fabriqués par la machine fixe.

Nous ne pouvons entrer dans l'examen de l'organisme de la machine à vapeur ; en trouvera d'ailleurs, dans les deux volumes de *Physique* publiés par les éditeurs de l'*Ecole mutuelle,* la description de la soupape de sûreté, de l'effet du tiroir, de la détente, du manomètre, etc. Complétons notre récit par quelques détails sur l'application de la vapeur à la navigation et aux chemins de fer.

usqu'ici, il n'a été question que des machines fixes ; les bateaux à vapeur et les lo-

comotives ont été l'objet de recherches aussi
persévérantes. On sait, par ce qui précède,
que la première tentative relative à la navigation remonte à Denis Papin. Cependant la
priorité de cette invention a été revendiquée
par les Américains et les Anglais. Il importe
de rétablir les faits. Il résulte de documents
authentiques, qu'en 1775 Périer construisit
à Paris un bateau qui servit à des expériences, et qu'en 1781 le marquis de Jouffroy
établit sur la Saône un bateau à vapeur qui
navigua quelque temps. Ces deux inventeurs
sont français. Les essais faits en Angleterre
par Miller, lord Stanhope et Syminton sont
de dates plus rapprochées; le plus ancien
est de 1791. Quoi qu'il en soit, le premier
bateau appliqué au transport des voyageurs
et des marchandises est celui construit par
Fulton à New-York, en 1807, et qui fit le
voyage de cette ville à Albany. Il paraît que
Jonathan Hull eut, en 1737, l'idée d'employer
la machine de Newcomen à faire tourner des
roues à palettes placées comme propulseur
à l'arrière d'un bateau, mais cette tentative
n'eut pas de suite. Avant d'exposer les causes
du succès de Fulton, donnons quelques détails biographiques.

Robert Fulton est né en 1767, en Pensyl-
vanie. Ses parents, peu fortunés, le mirent
en apprentissage chez un joaillier-orfévre.
Son goût naturel le porta vers le dessin, et

.le génie de l'aventure l'amena à Londres, où il étudia la peinture chez un de ses compatriotes. Durant plusieurs années il chercha sa voie. Il dut à d'heureuses circonstances de voir se révéler les hautes facultés qui firent de lui un des plus célèbres ingénieurs de son siècle. Par suite de sa liaison avec Rumsay, Américain comme lui, venu en Angleterre pour étudier les machines à vapeur, Fulton se trouva bientôt dans un milieu favorable au développement de ses aptitudes. Utilisant son talent de dessinateur et les diverses connaissances qu'il avait acquises, il vint à Paris établir le premier panorama qu'on ait vu en France. Cette entreprise lui procura quelque argent et le mit en relations avec plusieurs savants. Il s'occupa alors de différentes inventions, entre autres d'un appareil propre à scier le marbre et à polir la pierre ; d'une machine à fabriquer les cordes ; d'un terrible engin de guerre sous-marin, appelé *torpedo*, destiné à faire sauter les navires par explosion ; enfin du *steamboat* (bateau à vapeur) qui a immortalisé son nom. Avec beaucoup de persévérance, Fulton réussit là où tant d'autres avaient échoué. En 1803, un bateau construit d'après ses plans, fut essayé sur la Seine, à Paris. Mais si l'ingénieur américain avait mené à bonne fin sa conception, il fut moins heureux au point de vue financier, et ne trouva pas l'appui matériel

indispensable à toute entreprise qui débute.
Lassé d'attendre des encouragements qu'on
lui promettait toujours, et après que le gouvernement français lui eut refusé son assistance, Fulton retourna en Amérique. Il y fut
accueilli par Livingstone qui lui procura les
moyens de réaliser ses idées. Le 10 août
1807, *le Clermont*, grand bateau à vapeur destiné à la navigation fluviale, fut lancé à New-
York. Il y avait juste cent ans que le bateau
du malheureux Papin avait été détruit par
les bateliers du Weser !

L'entreprise de Fulton réussit pleinement.
Il avait compris que les échecs subis par ses
devanciers étaient dus à l'insuffisance de la
force employée jusqu'alors à faire mouvoir
les roues, et il prit ses mesures en conséquence : *le Clermont* était de grande dimension et pourvu d'une machine de Watt de
20 chevaux. Le public assistait toutefois avec
incrédulité à ses expériences. On raconte
qu'un seul voyageur osa se présenter lors du
premier voyage. Lorsqu'il remit le prix de
son passage à l'illustre inventeur, celui-ci ne
put retenir ses larmes : cet argent était le
premier dédommagement qu'il recevait de
tant de peines et de travaux. Fulton, malgré
sa victoire, n'était pas au terme de ses misères. Son invention d'un bateau sous-marin
épuisa ses ressources, et il mourut en 1815,
à l'âge de 50 ans, ne laissant à sa famille

d'autre héritage que sa gloire. En 1838, le Congrès vota pour les enfants de Fulton une somme de 100,000 dollars à titre de récompense nationale. C'était tard! La récompense arrivait 23 ans après la mort de celui qui l'avait méritée.

Quoi qu'il en soit, la navigation à vapeur était désormais un fait acquis. Les Américains s'empressèrent de mettre à profit l'invention de leur compatriote, et les grands fleuves, les immenses lacs des Etats-Unis se couvrirent bientôt de bateaux à vapeur. Du nouveau monde, le système si brillamment inauguré revint dans l'ancien, et l'Europe, qui avait méconnu le génie de Fulton, ne tarda pas à lui rendre hommage. En 1812, un constructeur nommé Henry Bell, lança sur la Clyde (Ecosse), un premier bateau à vapeur ; peu après, l'Océan lui-même fut traversé par un navire à vapeur, et les deux continents ne furent plus qu'à quelques jours de distance.

La France ne commença à construire des bateaux à vapeur qu'en 1820, et encore ses premiers modèles lui vinrent-ils d'Angleterre. Depuis, heureusement, nos constructeurs rivalisent de zèle et de science avec les Anglais et les Américains, et, aujourd'hui, une compagnie de récente formation, la Compagnie générale transatlantique, qui dessert les Antilles et le Mexique, possède vingt et un grands bateaux à vapeur, réunissant une force de 17,000 chevaux. Ce matériel représente une valeur de plus de 50 millions. La navigation à vapeur tend presque partout à remplacer les navires à voiles, pour les petites comme pour les grandes traversées.

On emploie depuis longtemps deux machines, pour faire mouvoir l'axe sur lequel sont montées les roues, afin de transformer sans perte de force le mouvement alternatif des pistons en mouvement continu ; mais l'appareil de propulsion a été l'objet de sérieuses études et de notables perfectionnements.

Le premier moyen qui s'offrit à l'esprit des inventeurs pour faire avancer mécaniquement les bateaux rappelle les rames. Plus tard, le marquis de Jouffroy se servit d'espèces de volets à charnières, et son fils proposait des palmes articulées, imitant les pattes des oiseaux aquatiques. Ce système est connu sous le nom de *système palmipède*. Au premier abord, il semble présenter quelques avantages, qui disparaissent à l'examen. Les appareils, fonctionnant constamment dans l'eau et souvent au milieu des herbes, doivent être peu compliqués ; il les faut robustes pour résister à tant de causes de destruction, aussi l'expérience a-t-elle fait justice de tous les agents propulseurs articulés. Les roues à palettes et l'hélice sont les seuls modes de propulsion en

usage maintenant. Les roues à palettes ont
été d'abord d'un emploi général; il est probable qu'elles seront longtemps encore en
usage sur les cours d'eau peu profonds,
parce qu'elles s'adaptent très-bien à des bateaux d'un faible tirant. L'hélice est au contraire immergée, mais ne modifiant presque
pas la forme du navire elle permet l'emploi
de la voile ou système mixte, elle est surtout
supérieure au point de vue militaire, car elle
n'est pas, comme les roues, exposée aux boulets ennemis. Puis, en mer, par un gros
temps, les bâtiments à roues gouvernent
mal; une roue est souvent plongée dans
l'eau tandis que l'autre tourne dans le vide.
Ces considérations ont fait abandonner en
partie les roues à palettes sur mer et en res-
treignent l'emploi à la navigation fluviale.

Le bateau construit par Denis Papin en
1707 marchait avec des roues à palettes;
l'invention de l'hélice est beaucoup plus récente, bien qu'on en attribue l'idée à *Pauc-
ton*, ingénieur français, dès 1768. Selon
M. Louis Figuier un mécanicien d'Amiens,
Charles Dallery, aurait aussi substitué, en
1803, l'hélice à la roue à palettes. Nous ne
discuterons pas les titres des divers inventeurs qui ont, en Angleterre et en France,
dirigé leurs recherches vers ce but; ce qui
est incontestable, c'est qu'en 1823 le capitaine
du génie *Delisle* proposa l'hélice comme

moyen de propulsion au ministre de la marine et en démontra les avantages théoriques et pratiques. La disposition à bord de la vis propulsive, la forme de son filet, l'écart de son pas ont été l'occasion de plusieurs perfectionnements. Le nom d'un constructeur de Boulogne, *Frédéric Sauvage*, reste tristement attaché à l'histoire de l'hélice. Il imagina l'hélice simple à une seule révolution, mais ses ressources ne lui permirent pas de poursuivre ses travaux. On dit que, détenu dans la prison pour dettes de Boulogne, il assista de là aux expériences que faisait dans ce port un bâtiment anglais essayant son propre système. La raison de Frédéric Sauvage ne put résister à la ruine de ses espérances ; il mourut à Paris, en 1857, dans une maison d'aliénés. — Les bateaux à vapeur n'ont pas porté bonheur aux inventeurs.

L'application de la vapeur à la navigation eut des conséquences incalculables. On marche aujourd'hui contre le vent, ainsi que le prédisait Denis Papin en 1690, et l'avenir révélera l'immense portée sociale de cette admirable invention, qui permet de traverser l'Atlantique en moins de temps qu'il n'en fallait naguère pour aller par terre de Paris à Marseille. Lorsqu'on lit les lamentables récits des naufrages qui assombrissent chaque page des annales maritimes, on bénit le nom de Robert Fulton comme celui d'un bienfaiteur de l'humanité. Les désastres sont encore trop fréquents, mais que de malheurs sont évités ! Quelle sécurité le marin ne puise-t-il pas dans le concours que lui prête la puissante machine dans sa lutte incessante contre les éléments!

Eh bien ! cette révolution que la vapeur est en train d'accomplir dans les relations des peuples séparés par la mer, elle s'accomplit de même, chaque jour, sur le continent, par la locomotion sur les voies ferrées. Examinons les principales phases de l'application de la machine à vapeur au transport des voyageurs et des marchandises sur les routes de terre.

Nous n'avons encore parlé que des machines à *basse pression*, c'est-à-dire de celles où la force de la vapeur est égale à la simple pesanteur atmosphérique. En retenant l'eau vaporisée dans la chaudière, et en ne l'envoyant produire sous le piston son effet mécanique qu'après l'avoir chauffée très-fortement, elle acquiert une *tension* considérable ; elle est comme un ressort armé à son maximum et peut agir par *détente*, comme un arc qui se débande subitement. Dans ce cas, après avoir fait mouvoir le piston, la vapeur peut être dégagée dans l'air, sans que la pression atmosphérique retarde le dégagement, ce qui n'a pas lieu quand sa puissance élastique n'est qu'en équilibre avec cette pression. Ces machines sont dites alors à *haute pression*, et dispensent du condenseur. Un mécanicien allemand, *Leupold*, en conçut l'idée vers 1725. On cite *Olivier Evans*, simple ouvrier de Philadelphie, pour avoir construit des machines de ce genre en Amérique. En 1825, *Tretvithick* et *Vivian* en répandirent l'usage en Angleterre. Les avantages de cette combinaison apparurent surtout lorsqu'on s'occupa de rechercher les moyens d'appliquer la vapeur à la locomotion. En effet, les machines à basse pression et à condenseur, exigeant à leur portée une énorme quantité d'eau pour opérer le refroidissement de la vapeur, à peine pourraient-elles se traîner elles-mêmes. La suppression de ce réservoir et du condenseur par Tretvithick et Vivian leur fit entrevoir la possibilité de communiquer le mouvement à des voitures sur des rails de fer, et ils prirent dès 1802 une patente pour cet objet.

Toutefois, avant cette époque, *Cugnot*, officier français, construisit un chariot à vapeur qui fut expérimenté en 1763 sur une route ordinaire. Cet essai prématuré ne pouvait réussir. La chaudière, dans de mauvaises conditions, était placée à l'avant du train ; le foyer se trouvait dessous et la chauffait comme on chauffe un chaudron ; par suite, la quantité de vapeur produite était

très-faible. Cette machine ne marchait qu'a-
vec une vitesse de quatre kilomètres à l'heure.
Le rapport des commissaires qui assistaient à
l'expérience lui fait néanmoins l'étrange
reproche d'être trop violente dans ses mouvements. Il est vrai qu'on ne pouvait l'arrêter à volonté ; en revanche, elle s'arrêtait
d'elle-même au bout d'un quart d'heure, sa
provision d'eau et de combustible étant
épuisée. Cette machine se voit actuellement
au Conservatoire des arts et métiers de Paris. Cugnot est mort en 1804, à l'âge de
79 ans.

Depuis, d'autres essais ont été faits, avec
des machines perfectionnées, pour organiser
la locomotion à vapeur sur les routes ordinaires. Nous doutons qu'elles réussissent jamais d'une façon économique. Quand on voit,
dans les villes importantes, ou près des exploitations industrielles, les chevaux attelés
à des voitures roulant sur des rails, on se
demande pourquoi la machine à vapeur se
servirait des grandes routes. Sur une bonne
route, un cheval traîne 1,000 kilog., et
10,000 kilog. sur une voie ferrée. On vient
de concéder en Angleterre, à une compagnie, le privilége de transporter à la vapeur
des colis et des voyageurs sur la voie publique. On pourra donc bientôt avoir une
opinion définitive sur ce système.

Le chariot à vapeur de Cugnot dégradait

les chaussées et supportait mal les cahots
des routes ; on revint donc à la pensée de
faire marcher les voitures à vapeur sur des
chemins spéciaux. Depuis longtemps déjà,
afin de diminuer les obstacles que présente
le sol à la marche des voitures pesamment
chargées, on disposait en Angleterre, sur les
routes aboutissant aux mines et aux manu-
factures, des madriers pour recevoir les
roues et diminuer de cette manière le tirage
des chevaux ; on remplaça ensuite les rails
de bois par des bandes de métal. Les chemins de fer ont ainsi précédé de beaucoup
l'invention des locomotives. Mais ici une autre difficulté attendait les inventeurs. La
vapeur, dans les locomotives, agit pour faire
tourner les roues ; si la machine avance,
c'est qu'il y a adhérence des roues aux rails
sur lesquels chaque partie de leur circonfé-
rence trouve un point d'appui. Si la machine
était retenue par un obstacle fixe, les roues
tourneraient sur place, glisseraient sur les
rails et il n'y aurait pas de mouvement de
translation. On conçoit qu'il en sera de
même si la résistance opposée par le poids
du convoi à remorquer est trop considérable.
Pour tourner cette difficulté, qu'on désespé-
rait de vaincre, un ingénieur essaya de faire
engrener une roue dentée, mue par les pistons, avec une sorte de crémaillère fixée entre les rails ; un autre proposa, au lieu de la

crémaillère, une chaîne sans fin fonctionnant comme dans nos bateaux de touage actuels; un dernier, *Brunton*, en 1813, fit avancer une locomotive en se servant de jambes mobiles, qui se soulevaient l'une après l'autre derrière la locomotive, et qui, reposant sur le sol, servaient de point d'appui à la tige d'un piston glissant dans un cylindre horizontal. Enfin, en 1814, *Blackett*, ingénieur anglais, reprit l'idée première des rails unis, en se contentant d'augmenter l'adhérence des roues en chargeant la machine d'un poids d'autant plus fort que le convoi était plus lourd. Ce fut alors que George Stephenson, pour multiplier les points de contact et par là prévenir le glissement, construisit une locomotive à six roues, dont les trois essieux étaient solidaires. Jusqu'en 1829, la locomotion à vapeur resta stationnaire. Mais à cette époque, les ingénieurs du chemin de Liverpool à Manchester appelèrent tous les constructeurs à un concours, où ils proposèrent de remplacer la machine fixe qui devait faire le service de la nouvelle ligne en concurrence avec le canal, par une machine à vapeur locomotive. George Stephenson remporta le prix. Arrêtons-nous un instant pour esquisser cette grande figure.

Né à Wylau, près de Newcastle (1781), *George Stephenson* était fils d'un ouvrier mineur. Son premier travail fut de retirer le machefer des tas de charbons. Il était si jeune qu'il se cachait, quand passait l'inspecteur, de peur qu'il le trouvât trop petit pour gagner ses gages. Le pauvre enfant recevait 2 pences par jour (20 centimes). Peu après, il fut employé comme chauffeur dans une mine; ce métier lui rapportait un shelling (1 fr. 25) pour une rude journée de labeur. Il trouva moyen, en réparant la machine qu'il surveillait, de montrer son habileté. Mais la guerre ravageait alors l'Europe, l'argent était rare, le pain était cher! Un moment, il songea à chercher fortune en Amérique. Un peu de bien-être le retint. A vingt-deux ans, il se maria. L'année suivante, naquit son fils, *Robert Stephenson*, qui devait contribuer à illustrer son nom. George, devenu père, redoubla d'activité et s'appliqua à toutes sortes de travaux. Il racontait lui-même plus tard l'emploi de son temps : « Après une pénible journée de travail, lorsque je sentais le besoin du repos m'envahir, je me raidissais contre le sommeil et je réparais les montres et même les chaussures de mes voisins. Ce n'était pas la soif de l'argent qui m'imposait ce surcroît de tâche, c'était pour faire donner à mon fils l'instruction qui me manquait et dont l'absence rendait mes progrès si lents. Je me procurai ainsi les moyens d'envoyer Robert à une bonne école; il devint mon aide et mon compagnon. »

Enfin la fortune lui sourit. Il avait acquis une certaine renommée comme mécanicien, lord Ravensworth et les propriétaires de l'usine de Killingworth, frappés de son adresse et pleins de confiance en lui, le chargèrent d'importants travaux. George Stephenson put, en 1824, monter à Newcastle un atelier de machines à vapeur. Son fils, sorti de l'Université d'Edimbourg, fit sous sa direction son apprentissage de constructeur.

Nous arrivons au concours ouvert pour le choix de la meilleure locomotive à employer sur la ligne de Liverpool. La machine de Stephenson remplit si complétement les conditions exigées de vitesse, de commodité, de sûreté, que tout autre système fut sur-le-champ abandonné. La course proposée était de 45 kilomètres. La *Fusée* (the Rocket) arriva au but avec une vitesse maximum de 45 kilom. à l'heure et une vitesse moyenne de 21. Stephenson, chargé de la construction des machines de la compagnie, en resta jusqu'à sa mort l'ingénieur en chef. Le 15 septembre 1830 eut lieu l'inauguration de la ligne avec un entier succès, mais elle coûta la vie à l'un des personnages admis dans ce premier train de chemin de fer. M. Huskisson, ministre du commerce, essayant de monter en vitesse dans un des wagons, tomba sur la voie et fut broyé sous les roues. Ainsi fit son entrée dans le monde la première locomotive remorquant un convoi de voyageurs!

George et Robert travaillèrent ensemble. Chaque machine sortie de leur usine montrait un progrès nouveau. Newcastle devint la première fabrique de machines à vapeur de l'Angleterre.

Achevons l'histoire de Stephenson le père : il était parvenu à être l'un des principaux ingénieurs en même temps que l'un des plus riches constructeurs, et possédait à Clay-Cross des mines considérables de charbon et de fer. Les distinctions suivirent de près la fortune. Cela ne l'empêcha pas d'être laborieux et modeste jusqu'à la fin de sa carrière. Il mourut en août 1848, en léguant au monde le magnifique exemple de ce que peut produire le génie secondé par un travail énergique.

Son fils Robert continua la construction des machines et l'entreprise des lignes ferrées ; il fit plus de mille locomotives pour différents pays et présida à l'établissement des chemins de fer en Angleterre, en Belgique et en Norvége. Sur les railways anglais, les plus beaux travaux d'art sont son œuvre. Le fameux pont tubulaire, *Britannia*, qui unit les côtes de l'Angleterre à l'île d'Anglesea, est de lui. On a calculé qu'en 1850, les travaux effectués par cet ingénieur avaient remué 350 millions de tonnes de terre et de roc sur une longueur de 8,000 kilomètres, longueur égale à celle de tous les chemins de fer exécutés en France jusqu'en 1857.

Robert Stephenson acheva et perfectionna tout ce qu'avait commencé et inventé son père. Leurs noms sont inséparables. Les honneurs que George n'avait pas eus furent décernés à Robert, qui fut membre du parlement. Il mourut en 1860, à l'âge de cinquante-sept ans, aimé et regretté des ingénieurs ses rivaux et surtout des nombreux ouvriers qui travaillèrent sous sa direction. George et Robert Stephenson sont à eux deux les véritables créateurs des chemins de fer anglais.

Voyons maintenant à quels perfectionnements la locomotive de George Stephenson dut sa supériorité lors du concours. *La Fusée* (The Rocket) était une machine ayant la faculté de produire en peu de temps une grande quantité de vapeur, c'est-à-dire qu'elle avait une chaudière puissante et un foyer disposé de manière à chauffer rapidement. La production rapide de la vapeur ne s'obtient que par une grande surface de chauffe et un tirage énergique. Dans les machines fixes, on divise la chaudière en plusieurs capacités appelées bouilleurs, et la combustion du foyer est activée au moyen de longs tuyaux de cheminée. Pour les locomotives, il fallait une autre combinaison. *Marc Séguin* est l'inventeur de la chaudière dite *tubulaire*, qui augmente la surface de chauffe sans rien changer au volume du récipient, par le moyen de tubes qui le traversent dans toute sa longueur et dans lesquels passe la flamme du foyer. L'eau environnant ces tubes entre promptement en ébullition et produit une masse considérable de vapeur. Marc Séguin, l'inventeur des locomotives à grande vitesse est le neveu de *Montgolfier*, l'inventeur des ballons. Cet ingénieur appliqua sa découverte en 1829 au chemin de fer de Saint-Etienne, le premier qui ait été ouvert en France. Ce patriarche de l'industrie, qui a aujourd'hui près de quatre-vingts ans, vit retiré à Annonay, possesseur d'une grande fortune et au milieu d'une nombreuse famille. La chaudière tubulaire a eu une influence considérable ; on peut affirmer que sans cette invention la locomotion rapide sur les voies ferrées serait impossible. Le premier terme du problème se trouvait donc résolu par Marc Séguin, et George Stephenson se hâta d'en profiter. Toutefois le foyer demandait aussi des améliorations; voici ce qu'imagina le célèbre constructeur anglais : On sait que les locomotives sont des machines à haute pression et que la vapeur, après avoir fait manœuvrer le piston, s'échappe dans l'air. George Stephenson utilisa ce jet de vapeur pour le tirage de la courte cheminée des locomotives, en le faisant se

dégager par cette cheminée même. Le jet
continu de vapeur qui passe par la cheminée
détermine un appel constant, et le combustible brûle avec une activité singulière sous
l'influence du courant d'air qui s'établit.
C'est donc dans la combinaison de ces deux
éléments nouveaux, la *chaudière tubulaire*
et le *tuyau soufflant*, que les locomotives
puisent la formidable puissance qui les entraîne à travers l'espace avec tant de rapidité.

La locomotive n'est pas le seul système de
traction usité sur les chemins de fer. Pour
monter les *rampes*, on se sert quelquefois
d'une machine fixe appliquée à un tambour
sur lequel s'enroule un câble attaché aux
wagons ; à Lyon, le chemin qui monte de la
ville à la Croix-Rousse en offre un spécimen.
C'est le *système funiculaire* (composé de
cordes). Le *système atmosphérique* appliqué
d'abord en Irlande entre Kingstown et Dal-
key, puis du Pecq, à Saint-Germain, se com-
prendra facilement si l'on se reporte à ce que
nous avons dit du poids de l'atmosphère. Que
l'on suppose un long tuyau horizontal muni
d'un piston et dans lequel une machine fixe
fait le vide ; ce piston sera nécessairement
poussé par la pression atmosphérique comme
un bouchon serait enfoncé dans l'intérieur
d'une bouteille d'où l'air serait soutiré. Le

piston entraîne dans son mouvement un convoi avec lequel il est relié par une barre verticale solidaire avec la tige qu'il porte à
l'arrière, et glissant dans une fente qui s'é-
tend dans toute la longueur du tube. La fente
est fermée par des bourrelets élastiques et
ne s'ouvre que pour laisser passer la barre
verticale du piston. Les vices de ce mode
sont démontrés par l'expérience; il est aujourd'hui abandonné, et nous ne le mentionn-
nons que pour mémoire. On se sert aussi de
plans automoteurs. Sur une pente détermi-
née, l'excès de la pesanteur peut être employé à faire remonter des wagons vides, ou
moins chargés, sur une autre voie parallèle,
à l'aide d'un cordage portant sur une grande
poulie couchée dans le haut de la rampe.
Les deux trains obéissent alors aux lois de
l'équilibre, à peu près comme dans l'appareil
à deux plateaux décrit plus haut, pour utiliser dans les travaux de terrassement le poids
du manœuvre et de sa brouette. Les plans
automoteurs sont affectés, près des mines
et des usines, au transport des produits et des
matériaux. Tels sont les principaux systêmes
appliqués jusqu'à ce jour. Deux autres projets, celui de M. Séguier et de M. Girard, sont
à l'étude. M. Séguier propose pour monter les
rampes une combinaison qui se rapproche
de la crémaillère couchée naguère au milieu
de la voie. Deux roues, conduites par la ma-

chine, presseraient entre elles une bande de
fer large et épaisse placée de champ à égale
distance des deux rails. Le système de M. Girard est plus original. Il supprime la locomotive et applique à la propulsion des convois
la force de l'eau en mouvement. Nous ren-
voyons aux traités spéciaux.

On a beaucoup exagéré les dangers que
présentent les chemins de fer. En comparant
le nombre des accidents survenus depuis
qu'on emploie la vapeur à la locomotion, et
en tenant compte du nombre des voyageurs,
on est forcé de reconnaître que les chemins
de fer sont, de toutes les voies de communication, la moins dangereuse.

Divers procédés sont en usage pour signaler l'approche des convois, et nous aurons
bientôt à parler des services que rend à cette
occasion le télégraphe électrique. L'arrêt
d'un train en marche a aussi beaucoup
exercé l'imagination des inventeurs. Nous
laissons sur ce sujet la parole à l'un de
nos plus célèbres ingénieurs, M. *A. Perdonnet* :

« L'accident le plus redouté du voyageur,
dit-il, et dont la pensée se présente le plus
souvent à son imagination, est la rencontre
d'un train avec un obstacle imprévu placé
sur la voie. Cette préoccupation est si universelle, qu'elle a, pour ainsi dire, créé une
classe spéciale dans la société ; on l'appelle

la tribu des *inventeurs de freins*. Pour ma part, j'en ai vu douze ou quinze cents au moins. La plupart, ignorant les plus simples lois de la dynamique, proposent des remèdes qui seraient pires que le mal, puisqu'ils s'obstinent à chercher les moyens d'un arrêt instantané. Voici les résultats d'une étude spéciale de la question.

» L'*arrêt instantané* d'un train marchant à la vitesse de 60 kilomètres par heure (vitesse des trains express) lancerait les voyageurs contre les parois du wagon avec la force du choc qu'éprouve un homme tombant d'un quatrième étage. Si le train marchait à la vitesse de 40 kilomètres (vitesse des trains omnibus), l'arrêt subit produirait le même effet que la chute d'un second étage. Il ne faut donc pas d'arrêt brusque, mais un arrêt progressif et graduel.

» Parmi les inventeurs de freins, nous distinguons M. *Guérin*, qui a trouvé le moyen d'obvier à la négligence du garde-frein endormi. Si cet agent ne serre pas de suite les freins au signal du mécanicien qui découvre un obstacle sur la voie, le mécanicien, au moyen du système Guérin, peut lui-même enrayer sans quitter la machine.

» Les accidents peuvent avoir diverses causes, mais la rupture d'un rail, la rencontre d'un animal sur la voie, ne déterminent généralement aucun accident. On demandait à George Stephenson s'il était dangereux de rencontrer une vache sur la voie : — Certainement, répondit-il, c'est très-dangereux pour la vache. »

Ajoutons que la compagnie de l'Est expérimente en ce moment un appareil à manœuvre électrique dû à M. *Achard*, qui met les freins entièrement à la disposition du mécanicien.

L'application de la vapeur aux chemins de fer a subi le sort de toutes les idées nouvelles, même des plus fécondes. George Stephenson, racontant à son fils tous ses déboires, lui écrivait : « L'un me raille, l'autre m'injurie, un troisième m'invite à écrire un poëme épique, travail aussi utile que la mise en marche d'une machine ; j'écoute sans répondre. Dieu sait ce qu'il me faut de courage pour persister quand je m'entends appeler fanfaron, charlatan, trompeur, homme avide. » On calomniait l'inventeur et son invention. La locomotive devait mettre le feu aux maisons, aux moissons, supprimer les chevaux ; enfin on exagérait tellement les risques, que ce n'est qu'en 1843 que la gracieuse reine Victoria osa confier à un train royal sa précieuse personne. Voilà pour l'Angleterre. En France, mêmes clameurs, mêmes défiances. Un homme d'Etat, M. Thiers, disait à la tribune que cette invention était sans avenir pour le pays, et que si l'on construisait chez nous cinq lieues de voies ferrées

par an, ce serait beaucoup. Or, le Royaume-
Uni a aujourd'hui 18,597 kilomètres de chemins de fer en exploitation, et la France, au
31 décembre 1864, sur 20,881 kilomètres de
concédés, exploitait 13,025 kilomètres. Les
Etats-Unis d'Amérique sont encore plus avancés ; à la fin de 1861, sur 77,441 kilomètres
de lignes concédés, 50,205 kilomètres étaient
en activité : c'est à eux seuls presque autant que l'Europe entière, puisque la longueur totale des chemins de fer exploités
dans cette partie du monde n'était, au 1er janvier 1865, que de 63,632 kilomètres. Ces faits
répondent à ceux qui nient le progrès. Il en
est d'autres encore qui attestent le génie des
Papin, des Watt, des Fulton, des Séguin, des
Stephenson et de tous les hommes, célèbres
ou obscurs, qui ont consacré leur vie à découvrir ou à appliquer cette puissance motrice
de premier ordre qu'on nomme la vapeur. On
peut déjà juger par les chiffres relatifs au
chemins de fer des Etats-Unis, du développement qu'a pris dans l'Amérique du Nord l'application de la vapeur à toutes les industries.
Continuons cette démonstration. L'Angleterre
possède actuellement une force évaluée à
11 millions de chevaux-vapeur. S'ils travail-
laient ensemble pendant toute l'année et dix
heures par jour, ils produiraient un effet dynamique prodigieux, que l'ingénieur anglais
Faibairn calcule ainsi :

Un cheval-vapeur représentant 75 kilogrammes élevés à un mètre de hauteur en une seconde, 11 millions de chevaux-vapeur soulèveraient donc 825 millions de kilogrammes pendant le même temps à la même hauteur. Pour produire le même travail qu'un cheval-vapeur, il faut au moins sept hommes robustes, par conséquent les 11 millions de chevaux de fer créés par la science équivalent à 77 millions d'esclaves, c'est-à-dire à la partie valide d'une population servile de plus de 250 millions d'individus.

La France, où la machine à vapeur a pris naissance, n'est pas encore en possession d'une force mécanique aussi considérable ; mais elle crée chaque jour de nouveaux agents de production. En 1850, nous avions 6,832 machines à vapeur de toutes sortes ; en 1863, ce nombre s'élevait à 22,516, représentant une force de 617,890 chevaux-vapeur, ou de 1,854,670 chevaux de trait, ou encore de 12,976,690 hommes de peine, c'est-à-dire supérieure à celle de tous les hommes en état de travailler qui existent dans le pays.

Il est inutile d'insister ; de pareils chiffres sont plus éloquents que tous les raisonnements pour établir la portée de la révolution matérielle opérée par la découverte du moteur universel. La révolution morale n'est pas moindre. Si nous faisons un retour vers le passé, si nous cherchons le réservoir des

forces industrielles, alors qu'on ne connaissait d'autre moteur que l'homme, nous nous
heurtons à l'esclavage. L'antiquité emmaga-
sinait sa force humaine dans des bouges in-
fects, sur la porte desquels on lisait : *Marché
aux esclaves.* La civilisation a détruit les
murs de ces repaires; elle a installé triom-
phalement la machine à vapeur, et sur la
porte de l'usine le génie de la science moderne a écrit ces mots : *Ici on loue de la
force.* Ainsi Denis Papin et ses émules ont
relevé le défi d'Aristote, l'esclavage n'a plus
sa raison d'être, le fuseau et la navette peuvent marcher seuls !

Le puissant automate, dont la laborieuse
gestation a duré deux siècles, est si bien
soumis au pouvoir de l'homme, qu'il vient
labourer ses champs, faire sa moisson, battre
son grain. La *locomobile*, ou machine à vapeur agricole, est originaire d'Amérique. Les
roues sur lesquelles elle est montée ne servent qu'à la transporter, à l'aide d'un cheval, là où l'on réclame ses services; elle
transmet sa force aux appareils qu'elle doit
faire mouvoir, au moyen d'une courroie, et
fonctionne comme une machine fixe. La machine à vapeur se prête donc à tous les besoins et semble réunir tous les avantages du
moteur par excellence. Cependant elle a
certains inconvénients : elle est encombrante

et, par suite, exige un arrangement particulier de l'atelier ; de plus, sa force ne se produit pas immédiatement : il faut entretenir du feu sous la chaudière pour avoir de la vapeur à sa disposition à un moment donné. Le *moteur à gaz* inventé depuis peu par *Lenoir*, et communément appelé *machine Lenoir*, échappe à ces reproches. Elle se compose toujours d'un cylindre et d'un piston ; mais, au lieu de vapeur d'eau, on introduit du gaz d'éclairage et de l'air dans le corps de pompe, puis on enflamme ce mélange par une étincelle électrique. L'explosion qui en résulte chasse le piston à l'une des extrémités du tube ; en déterminant le même effet, tantôt sous le piston, tantôt dessus, on transforme ces explosions successives en mouvement mécanique. Nous ne savons quel avenir est réservé à ce nouveau moteur. Les meilleures machines à vapeur consomment, par heure et par force de cheval, de deux à cinq kilogrammes de charbon et le plus souvent quatre, beaucoup vont jusqu'à sept ; en prenant ce dernier chiffre, on est encore loin de la dépense de 1 fr. par heure et par cheval que les rapports des experts mettent au compte de la *machine Lenoir*. Quoi qu'il en soit, on doit désirer voir se propager leur emploi, dans l'intérêt de la petite industrie. Partout où le travail a besoin d'une grande puissance, partout où l'activité de la production réclame un labeur incessant, la robuste machine à vapeur ne peut être détrônée. Le *moteur Lenoir* au contraire paraît destiné à remplacer l'homme de peine des ateliers secondaires ; ses organes de fer sont toujours prêts à faire marcher le tour, la scie circulaire, la machine à fendre chez le petit fabricant, ou bien encore à monter les matériaux jusqu'au faîte des maisons en construction ; enfin, considération essentielle, ses services ne coûtent que dans la proportion où il les rend, car le compteur à gaz est la feuille de paye de cet auxiliaire sobre et infatigable, qui tient une place importante dans les perfectionnements de l'outillage universel.

Nous avons énuméré les applications diverses de la vapeur et les modifications qui l'ont amenée successivement à produire ses prodigieux effets. Les moteurs hydrauliques ont subi les mêmes métamorphoses. Le courant des rivières et les chutes d'eau ont vu décupler leurs forces naturelles par d'ingénieuses dispositions. La forme des roues, leur installation pour utiliser la vitesse d'écoulement du liquide ou la pesanteur de la colonne d'eau, ont été étudiées par les savants. La force de l'eau n'agit pas directement. Les appareils qui lui servent d'intermédiaires, et dont l'efficacité est souvent augmentée par des barrages, ont été perfectionnés par Poncelet, Fourneyron, Callon, Fontaine, Jonval, Koechlin, etc.; l'illustre Carnot en avait donné la théorie. Ces appareils sont connus sous le nom de *roues à augets*, *à palettes* ou *à aubes*, suivant la manière dont l'eau agit sur elles. Les *turbines* sont également des espèces de roues à aubes, d'un très-petit diamètre, entourées d'un tambour, et qui, placées horizontalement dans le courant, reçoivent quelquefois l'action de l'eau par leur centre; elles sont d'une construction très-économique, et peuvent fonctionner complétement immergées. Il y a encore les *roues à réaction*, qui obéissent à cette loi qui détermine un mouvement de rotation dans le *tourniquet à vapeur*, attribué à Héron d'Alexandrie. Elles marchent dans le sens inverse de leur écoulement. Les explications que nous pourrions donner ici seraient nécessairement incomplètes, nous nous bornerons, pour le même motif, à mentionner seulement le *belier hydraulique* inventé par *Montgolfier*, en 1796, et qui sert à élever l'eau d'une rivière par le moyen de la vitesse du courant, ou d'une chute. On voit encore au château de la Celle-Saint-Cloud, près Paris, un bélier hydraulique établi par Montgolfier lui-même pour l'élévation de l'eau nécessaire aux besoins du château.

De récentes découvertes placent aussi *l'é-*

lectricité parmi les sources de mouvement. Cette force motrice est encore mal définie, peu considérable et très-dispendieuse, elle ne compte donc pas parmi les forces dont l'industrie dispose.

D'après ce qui précède, on doit conclure que, en dehors des moteurs animés, les grandes forces de l'industrie sont dues à la pesanteur et à la chaleur. Si l'on s'étonnait de l'assimilation de l'effet produit par un cours d'eau à l'action de la pesanteur, nous ajouterions ceci : soit que la masse liquide agisse comme un poids en tombant sur les palettes d'une roue hydraulique installée sous sa chute; soit que, dirigé contre ces mêmes palettes, le courant les déplace en les entraînant, ainsi que le feraient des boules pesantes roulant sur un plan incliné comme le lit du fleuve ou du ruisseau, la cause est la même : elle réside dans le phénomène de la pesanteur. Quant à la chaleur, personne n'ignore que les courants permanants qui règnent dans l'atmosphère proviennent de la dilatation de l'air. Par l'élévation constante de la température sous la zone torride, cet air échauffé monte et fait place à un autre plus froid; de là naissent ces vents réguliers qui se précipitent des deux pôles vers l'équateur. Cette explication générale s'applique à toutes les perturbations atmosphériques. La chaleur est donc, par l'intermédiaire des vents, une source de puissance que l'homme s'est appropriée par l'invention des moulins. La machine à vapeur actuelle et la machine à gaz, on l'a vu, n'existent également que par l'action calorifique qui remonte, dans l'un et dans l'autre appareil, le prodigieux ressort qui les anime. L'*air comprimé*, les lames métalliques écartées de leur équilibre moléculaire ou enroulées autour d'un axe, font aussi *ressort* en vertu de leur élasticité, mais leur effet mécanique n'est que secondaire. Le ressort d'acier, si commun dans les petites machines, exige qu'une force supérieure à la sienne lui donne le degré de tension nécessaire pour agir ; l'air comprimé demande aussi un travail préalable, une dépense de temps assez forte pour acquérir une action sérieuse.. Ces deux moteurs représentent donc plutôt une force emmaganisée pour un usage déterminé et limité, qu'ils ne sont, à proprement parler, une source de puissance. Ils ne rendent qu'une partie de ce qu'on leur a confié.

Ce que l'homme cherche dans les moteurs, nous le répétons, c'est un moyen d'agir plus énergiquement sur la matière et de la transformer à son usage plus vite et avec moins de fatigue. Il les lui faut puissants et économiques. S'il est obligé de passer son temps ou d'user ses muscles à bander un ressort ou à manœuvrer le piston de la pompe à comprimer l'air, la dépense dépassera, dans beaucoup de cas, l'effet utile. En supposant que l'on pût fabriquer un ressort assez vigoureux pour faire mouvoir la roue d'un bateau, ce moyen de propulsion n'offrirait aucun avantage. Il faudrait perdre un temps considérable pour armer le ressort à l'aide d'engrenages, ou appliquer à cette opération une quantité de force plus grande que celle nécessaire pour faire simplement tourner avec une manivelle la roue à palettes. Le résultat serait à peu près le même que celui qu'atteindrait un homme qui, durant la sécheresse, s'aviserait de monter des seaux d'eau dans un bassin supérieur pour la lâcher ensuite sur la roue de son moulin. Dans ces deux hypothèses, il est évident que la dépense du travail effectué pour créer une force ne serait pas couverte par le travail utile de cette même force.

Cependant on voit tous les jours nombre de gens qui perdent leur temps à la poursuite de projets aussi chimériques et passent leur vie à la recherche du *mouvement perpétuel*.

Le problème que se posent ceux qui poursuivent ce rêve est encore plus difficile à résoudre que celui dont la solution est tentée dans les deux exemples que nous venons de citer. Pour le bateau et le moulin, la véritable force se trouve dans l'individu qui re-

monte le ressort ou qui emplit le réservoir.
De musculaire qu'elle était, la force est, il
est vrai, transformée en élasticité ou en pesanteur, mais sa source se renouvellera tant
que la fatigue n'aura pas réduit à l'impuis-
sance le moteur animé, c'est-à-dire l'homme.
Dans le mouvement perpétuel, que se proposent au contraire ceux qui le cherchent? Ils
s'efforcent de trouver une combinaison mécanique où le ressort se bandera de lui-
même, où l'eau, après s'être écoulée,
remontera dans le réservoir par son propre
fait. En d'autres termes, ils veulent créer un
moteur en dehors des conditions physiques
de la nature, qui retrouverait toujours en
lui-même les causes de son mouvement, et
assez énergique d'ailleurs pour entretenir
non-seulement son propre jeu, mais encore
pour produire un travail utile.

La grandeur des résultats entrevus aveugle
ceux qui se laissent aller à cette chimère.
Certes, une machine qui fonctionnerait sans
le secours d'aucun agent étranger, qui n'em-
prunterait rien aux cours d'eau, aux vents,
et qui n'obligerait pas aux fortes dépenses
qu'exigent les moteurs animés, une telle machine serait le plus grand bienfait dont le
génie de l'invention pût doter l'humanité.
Malheureusement ce rêve est irréalisable. Un
effet résulte toujours d'une cause. Tout mouvement suppose un effort pour vaincre la ré-

sistance opposée par l'inertie naturelle des corps. Dès que l'effort cesse, l'équilibre se rétablit. Pour obtenir un mouvement continu, il faudrait donc ou perpétuer l'effort ou supprimer la résistance. Jusqu'à présent, pour perpétuer l'effort, la combinaison la plus efficace est la chaudière à vapeur. Mais pour les chercheurs de mouvement perpétuel, il s'agit d'un appareil où la force, provenant d'une impulsion donnée ou reçue sera toujours supérieure aux frottements qu'engendre le mouvement lui-même, puis assez puissante pour constituer un moteur permanent. Ainsi, en admettant un premier effort, on se propose de le conserver ; il faut donc aborder la seconde partie de l'hypothèse et voir si l'on peut supprimer la résistance. Ici se montre l'absurdité des tentatives. Que l'on se figure une boule d'ivoire roulant sur une surface parfaitement unie, ou un pendule dont la suspension ne laisse rien à désirer, et qu'on les mette tous les deux en mouvement. Qu'arrivera-t-il? Au bout d'un temps plus ou moins prolongé, boule et pendule s'arrêteront, parce que l'impulsion initiale ne tardera pas à être absorbée par les frottements, qui ne sont autre chose que la manifestation de la pesanteur. On l'a dit avec raison, une machine, quelle qu'elle soit, est toujours un mauvais débiteur ; elle ne rend jamais tout ce qu'on lui a prêté, et l'on doit s'estimer heureux si on retire 75 ou 80 pour cent de la force qu'on lui a confiée. Le champ ouvert aux inventeurs est assez vaste pour qu'ils n'usent pas leur intelligence à des essais qui ne peuvent aboutir, et dont l'inanité est démontrée et par la science et par l'expérience.

Le véritable moteur universel est la chaleur, car *partout où il y a différence de température il y a production de force motrice.* Cependant, l'importance même qu'a prise l'emploi de la houille, soit comme moyen d'éclairage, soit comme source de puissance mécanique, a fait craindre un prochain épuisement de ce précieux combustible. Il est difficile d'apprécier sûrement les ressources offertes par les gisements de houille. Les évaluations de la quantité que les mines peuvent fournir varient beaucoup, et la consommation annuelle est de 180 millions de tonnes. Néanmoins on s'accorde généralement à estimer que les exploitations houillères connues suffiront encore durant trois ou quatre siècles. Si l'homme a le devoir d'étendre ses prévisions au delà de ce terme, il a le droit aussi d'espérer que la science lui fera découvrir de nouveaux moyens de produire la chaleur et d'animer ces rapides locomotives que Stephenson appelait dans son langage élevé et précis : « les chevaux du soleil. »

—

CHAPITRE II

MACHINES DE PRÉCISION; INSTRUMENTS ET AP-PAREILS SERVANT A LA NAVIGATION ET AUX SCIENCES.

Horloges et chronomètres. — La boussole. — Le verre. — Les besicles. — Le microscope. — Les lunettes d'approche. — Le télescope. — Les lampes. — Les phares. — Le baromètre. — Le thermomètre. — Les ballons.

Voltaire, dans un de ses contes, suppose que la mémoire manque tout à coup au genre humain. « Il arriva, dit-il, qu'au milieu d'une belle nuit tous les cerveaux s'appesantirent, de façon que, le lendemain matin, tout le monde se réveilla sans avoir le moindre souvenir du passé. » On voit de suite le parti que le caustique philosophe tire d'une semblable donnée. Ne peut-on pas se demander, aujourd'hui que la notion de l'heure est tellement entrée dans nos habitudes qu'elle fait, en quelque sorte, partie de notre vie publique et privée, ce qui adviendrait si toutes les montres, toutes les horloges s'arrêtaient inopinément ? Quelle perturbation dans les relations, que de rendez-vous manqués, que d'affaires en suspens! L'*Aventure de la mémoire*

racontée par Voltaire est féconde en singu-
liers quiproquo, mais les machines qui me-
surent le temps sont les outils de la mémoire
et l'on se figure aisément toutes les complications étranges qui se produiraient si ce
précieux outil venait à faire défaut. D'ailleurs,
sans aller jusqu'à l'hypothèse de l'arrêt subit
de toutes les machines horaires, s'il fallait
seulement, comme les anciens, recourir au
soleil pour savoir l'heure, on reconnaîtrait
bien vite l'influence légitime et considérable
acquise par les instruments chronométriques
chez tous les peuples civilisés. Cela suffit
pour faire apprécier leurs services dans les
rapports sociaux. Ceux que les machines de
précision rendent dans les sciences ne sont
pas moindres ; elles suppléent à l'insuffisance de nos organes en permettant de mesurer l'espace par le temps que les astres
mettent à le parcourir. « A ces instruments
la destinée avait attaché le progrès de l'astronomie, » disait le savant *Bailly.* Les applications de la mesure du temps par les machines sont tellement nombreuses qu'elles se
retrouvent partout : dans le laboratoire du
chimiste, comme dans le cabinet de l'ingénieur, dans les trains de chemins de fer
comme dans la cabine du commandant d'un
navire. Ces faits ne seront contestés par personne. Ce qu'on ignore davantage c'est que
l'époque où l'horlogerie a pris rang parmi les

arts de précision est assez récente. Ce n'est
que vers la seconde moitié du dix-septième
siècle que l'on put savoir à peu près l'heure.
Jusque-là, les horloges et les montres n'é-
taient que des machines grossières et inexac-
tes, à peine en état de donner des indications
suffisantes pour les rapports journaliers. Les
grands seigneurs de la cour de Louis XIV et
le « roi soleil » lui-même étaient moins bien
partagés à cet égard que ne l'est, actuellement, le plus obscur citoyen de la République suisse.

En traitant des machines à vapeur, nous
avons exposé les raisons qui ont retardé
la propagation des vérités expérimentales;
nous n'y reviendrons pas. Il est évident, en
effet, que les instruments de la science n'ont
pu être perfectionnés que lorsque la physique, la chimie, etc., entrant dans une voie
plus large, ont eu besoin de moyens plus
précis pour vérifier les phénomènes qu'elles
étudiaient. Le progrès, même dans une branche spéciale, est toujours dû à un fonds commun de connaissances, espèce de capital
intellectuel à l'aide duquel travaillent les savants et les inventeurs. Ce capital est, comme
l'autre, lent à se former. Mais une fois que
la société est en possession des premiers
éléments de cette solide richesse, celle-ci
s'accroît avec une célérité prodigieuse; chacun puise dans la réserve scientifique, les

praticiens s'emparent des théories des savants, et ceux-ci, à leur tour, se servent des inventions nouvelles pour arriver à de nouvelles découvertes qui grossissent le trésor de l'intelligence. Telle est l'histoire de la mesure du temps, qui nous montre, au début, l'horlogerie se réduisant à un bâton planté verticalement dans le sable, pour aboutir au régulateur astronomique et à la montre à longitudes.

Si loin que l'on remonte dans le passé, on voit que les hommes ont cherché des points de repère dans l'immensité. Mesurer le temps, n'est-ce pas se sentir vivre? Savoir l'heure, n'est-ce pas une conquête sur l'infini? L'horlogerie, comme l'astronomie, a été d'abord une suite d'observations. L'ombre des grands arbres en se projetant sur le sol a servi aux peuples primitifs à matérialiser l'impression du temps. Un bâton exposé au soleil, voilà l'origine des cadrans solaires. On se donnait rendez-vous à telle ou telle longueur d'ombre. De là cette interrogation que l'on retrouve chez les anciens : « Quelle ombre est-il ? »

On distingue deux appareils fondés sur le mouvement de l'ombre produite par les corps éclairés : le *gnomon* et le *cadran solaire*. Tous deux appartiennent à l'antiquité la plus reculée. Le gnomon consiste en une colonne ou un obélisque, qui prend le nom de *style*

.et indique par son ombre, selon la hauteur du soleil au-dessus de l'horizon, le midi vrai, puis le retour des saisons et la longueur de l'année. Dans le cadran solaire le style est incliné parallèlement à l'axe terrestre; il donne plus exactement les subdivisions du jour. Les obélisques égyptiens servaient de gnomons. Le premier cadran solaire établi en Grèce par *Anaximandre* date de 545 ans avant Jésus-Christ. 239 ans plus tard, où 18 ans après la mort d'Alexandre, un cadran solaire fut, selon *Pline*, érigé à Rome; un autre, dont la date est plus certaine, apporté de Sicile par *Valérius Messala*, fut placé au Forum et motive cette plaisante apostrophe d'un personnage de *Plaute* : « Puissent les dieux perdre celui qui a le premier apporté cette horloge; autrefois la faim était pour moi le meilleur avertissement, aujourd'hui je ne puis manger que quand il plaît au soleil ! »

Les gnomons et les cadrans solaires étaient dans l'antiquité des monuments publics.

Les Grecs et les Romains envoyaient un esclave chercher l'heure sur la place pour la rapporter au logis. Mais l'heure obtenue de cette manière, quelle certitude offrait-elle? D'ailleurs le soleil manquait quelquefois à sa mission et, la nuit, lorsque l'état du ciel s'opposait à l'observation des étoiles, on était privé de la mesure du temps. Pour obvier

à ces inconvénients on eut recours à l'écoulement de l'eau ou de sable qui tombait d'un
vase supérieur dans un vase inférieur ; ces
vases étaient divisés de manière à ce que
l'abaissement du niveau correspondît à une
fraction de temps. Ces deux appareils sont la
clepsydre et le *sablier*. Les horloges d'eau
servaient autrefois dans la vie civile comme
les horloges actuelles. Plus tard, à l'aide de
roues dentées, mises en mouvement par une
roue à palettes, sur laquelle tombaient les
gouttes d'eau de la clepsydre, on fit marcher
des aiguilles ; on obtint des effets automati-
ques, des sphères mouvantes, des sonneries
produites par la chute de boules dans un
bassin sonore. *Claude Perrault*, le célèbre
architecte de la colonnade du Louvre, qui
fut aussi un habile mécanicien, a donné,
d'après *Vitruve*, la description d'une clepsydre monumentale, construite par *Clésibius*
140 ans avant l'ère chrétienne.

On cite encore parmi les chefs-d'œuvre
de l'antiquité une sphère d'*Archimède* dont
le moteur est resté inconnu ; d'après les effets
produits, on suppose que ce devait être un
ressort ou un poids. Jusqu'au neuvième siècle,
l'horlogerie resta stationnaire, et les peuples
chrétiens, au milieu des guerres qui boulever-
sèrent l'Europe, semblent avoir perdu l'art de
mesurer le temps. Aussi l'horloge hydraulique, envoyée à Charlemagne par Haroun-al-

Raschid, vers 809, excita-t-elle une admiration universelle. Il faut arriver à *Pacificus* et à *Gerbert* pour trouver les inventeurs des horloges à poids, c'est-à-dire au neuvième ou dixième siècle. Les incertitudes que nous avons signalées à propos de la découverte de la vapeur existent également pour les horloges. On n'est d'accord ni sur la date, ni sur l'origine des pièces mécaniques destinées à la mesure du temps. L'horloge la plus ancienne de France est celle qui existait sur le pont de Caen en 1314. A Paris, la première horloge connue fut placée sur la tour du palais du roi, aujourd'hui palais de justice, sous le règne de Charles V, en 1370. *Henri de Vic*, horloger allemand, en est l'auteur. Un grand nombre d'horloges ont été célébrées par les chroniqueurs. Presque toutes les villes d'Europe eurent, au seizième siècle, de curieuses horloges publiques, surchargées de complications bizarres; c'est l'époque des processions défilant pendant que l'heure sonne, des *jacquemarts* qui frappent les cloches, etc. Ces combinaisons n'ont aucune valeur au point de vue mécanique; et si, comme le prétendent certaines légendes, on a rendu aveugles leurs auteurs, afin qu'ils ne pussent reproduire de pareils chefs-d'œuvre, cette manière d'encourager l'industrie serait un argument de plus à invoquer contre la barbarie du moyen âge. Cependant nous ne croyons guère à ces

cruautés; ce n'est pas à ces causes qu'il faut
rapporter les difficultés que l'art de précision eut à faire son chemin dans le monde.
Une horloge et une montre sont des machines fort complexes, malgré leur simplicité
apparente. Ces automates doivent réunir les
qualités les plus opposées, une grande délicatesse d'organes et une longue durée.; une
précision extraordinaire et une mutiplicité
de mouvements presque incroyable. Il faut
donc, non-seulement que la science mécanique soit très-avancée pour combiner les
rouages chronométriques, mais encore que
le talent d'exécution, le travail manuel, soit
arrivé à sa perfection pour produire un ensemble satisfaisant. Or, ce n'est que vers la
fin du dix-septième siècle que les sciences
physiques apportèrent à l'horlogerie les éléments de sa régularité, et ce n'est que plus
tard encore que l'habileté des ouvriers permit d'arriver à des résultats inespérés.

Depuis l'invention des horloges hydrauliques, le progrès a été lent, quoiqu'il n'ait pas
cessé. Pour avoir une manière plus commode
et plus sûre de mesurer le temps, on substitua un poids et des roues dentées aux vases
remplis d'eau dont l'écoulement variait avec
la limpidité; puis, afin de rendre la machine
légère et transportable, on chargea un ressort d'acier d'animer le rouage. L'inventeur
de ce dernier perfectionnement est inconnu,

comme celui qui imagina l'échappement.
Qu'est-ce que l'échappement?

Cela est assez difficile à expliquer sans figures; nous allons néanmoins en exposer le
principe. Tout le monde connaît le tourne-
broche ou le miroir à alouettes : un poids ou
un ressort fait tourner un train d'engrenage,
et les dimensions des roues et des pignons
qui s'engrènent sont proportionnées de telle
sorte que la dernière roue fait un nombre
considérable de révolutions pour un tour de
la première roue motrice. Mais ces rouages,
commandés par le moteur, tourneraient en
quelques minutes, avec une vitesse accélérée,
si la dernière roue n'était pas obligée de
communiquer sa force à un volant dont la
masse ou les ailes opposent à une rotation
trop rapide, une résistance calculée. Le seul
inconvénient que présente ce système, c'est
que le volant obéit à la force centrifuge, et
que sa vitesse dépend de l'impulsion qu'il
reçoit. Pour y remédier, on imagina un mécanisme qui transforme le mouvement de
rotation imprimé au volant, en un mouvement alternatif; le volant devint alors un
balancier oscillant, et chaque dent de la dernière roue du rouage ne put *échapper* qu'a-
près avoir fait osciller son régulateur.

Malgré cette admirable invention, attribuée
à *Gerbert*, lorsque, vers le seizième siècle, on
fabriqua des horloges portatives, elles n'eu-

rent aucune exactitude. La force d'un ressort étant essentiellement différente, selon qu'il est plus ou moins remonté, on essaya de l'égaliser en le faisant agir par l'intermédiaire d'une chaînette sur une poulie conique, appelée *fusée*, chargée de transmettre au rouage l'action équilibrée du moteur. Soins perdus! Les *montres*, comme on commençait à les appeler alors, n'étaient toujours que de curieux bijoux ; il faut que le souffle puissant du dix-septième siècle se fasse sentir pour que l'horlogerie devienne un art de précision.

C'est, en effet, de cette période que datent la découverte du pendule par *Galilée* et son application aux horloges par *Huyghens*.

Les noms de ces deux illustres savants ont été déjà cités dans le chapitre précédent; le rôle important qu'ils jouent dans l'histoire de la chronométrie nous autorise à entrer ici dans quelques détails biographiques.

Galilée est né à Pise en 1564. Il fit ses études pour être médecin, mais il abandonna bientôt l'art médical pour les sciences mathématiques. A 24 ans, il devint professeur à l'Université de sa ville natale ; puis il fut obligé de quitter cette chaire pour celle de Padoue. C'est pendant son séjour à Pise qu'il eut la première révélation des propriétés des corps oscillants en observant les mouvements d'un lustre suspendu sous le dôme de la cathédrale. On a contesté à Galilée la découverte du *pendule*. Simple rapporteur des faits, il ne nous appartient pas d'engager ici une polémique à ce sujet; seulement il pourrait se faire que les Arabes, ainsi qu'on l'affirme, eussent eu antérieurement connaissance de cet instrument sans que la réputation de Galilée en fût atteinte. Les travaux de ce mathématicien sur les lois de la chute des corps ont une relation trop directe avec les lois qui régissent le pendule pour qu'il n'ait pas été amené, par voie de conséquences, à le découvrir. Nous en expliquerons tout à l'heure la théorie. Le nom de Galilée est encore attaché à l'invention du télescope, de la balance hydrostatique, du thermomètre, etc.; mais les persécutions de l'Inquisition ont popularisé Galilée plus que ne l'auraient peut-être fait ses plus importantes découvertes. Et, en vérité, c'est justice ! S'il se fût borné dans son enseignement à ne jamais dépasser les limites de la physique et des mathématiques, s'il n'eût pas hautement pris parti pour *Copernic* contre l'immobilité de la terre au centre de l'Univers, vieille erreur consacrée par l'Ecriture sainte, il aurait eu la réputation de *Képler*, de *Newton*, etc.; mais il n'aurait pas porté au mysticisme scientifique un coup dont il ne s'est pas relevé. Ce qui alarma surtout la papauté, plus encore que le fond de la doctrine professée, c'est que

Galilée, admirable vulgarisateur, faisait pénétrer les profanes dans le sanctuaire de la science jusque-là fermé. Savant, passe encore ; libre penseur c'était trop ! De 1550 à 1650 sur le soupçon d'incrédulité, on envoyait un homme au bûcher. Les ennemis de Galilée savaient mieux que personne qu'en le signalant comme hérétique, ils le désignaient au bourreau. En vain l'illustre suspect entreprit-il de concilier l'Ecriture sainte avec la science nouvelle, l'inquisition était lasse de ses audaces ; cette prétention de l'éclairer mettait en doute l'infaillibilité de l'Eglise.

La congrégation du saint office déclara donc *hérétique* l'opinion de la rotation de la terre autour du soleil, opinion *contraire à la foi, absurde et fausse en philosophie.* Elle condamna le système de *Copernic* et l'ouvrage de *Képler* sur ce sujet, et il fut défendu expressément de traiter la question du mouvement de la terre, si ce n'est d'une « manière hypothétique et sans rien affirmer. » Le saint-office usurpait les fonctions du Saint-Esprit ! Galilée, déjà vieux et fatigué, se soumit d'abord ; mais, fort de sa conscience et de sa piété, il publia un *Dialogue sur les sciences nouvelles* dans lequel il pose les lois de la dynamique céleste et annonce, plus nettement que *François Bacon* ne l'avait fait, la rénovation de la science et les destinées qui attendent l'humanité. Cette fois la mesure était comble, car le catholicisme prétendait enfermer le monde dans l'étroite cosmogonie de la Bible. L'Inquisition fit incarcérer Galilée. Fut-il mis à la torture? Rien ne le prouve. La violence morale suffit sans doute pour arracher à ce vieillard, épuisé par quarante ans de luttes, l'humiliante abjuration qu'il prononça le 27 juin 1633.

« Moi, Galilée, dans la soixante-dixième année de mon âge, étant constitué prisonnier et à genoux devant Vos Eminences, ayant devant les yeux les saints Evangiles que je touche de mes propres mains, j'abjure, maudis et déteste l'erreur et l'hérésie du mouvement de la terre. »

« Le grand criminel » fut ensuite condamné à être détenu dans les prisons du saint-office, selon le bon plaisir de Sa Sainteté. Cette captivité fut plus tard adoucie. On lui permit d'habiter la villa d'Arcétri, à condition qu'il y vivrait dans une solitude complète et qu'il ne publierait rien.

Ses ennemis l'enfermaient vivant dans la tombe. Bientôt cette triste situation s'aggrava : Galilée perdit la vue. Il mourut enfin, le 8 janvier 1642, âgé de près de 78 ans. Son agonie morale durait depuis plus de huit années ! Après sa mort, ses persécuteurs s'efforcèrent d'anéantir les vestiges de sa pensée, et son petit-fils, abruti par la superstition, brûla ce qui restait de ses derniers travaux. Crime odieux et inutile, car les disciples de Galilée remplissaient le monde. L'année même où Galilée s'éteignait, naquit *Newton*, qui devait découvrir la gravitation universelle et démontrer la vérité du système odieusement condamné par les cardinaux dans la personne de l'immortel mathématicien de Pise. Enfin, comme si rien ne devait manquer à la gloire de l'illustre martyr de la liberté de penser, une de ses principales découvertes, le pendule, fournit aujourd'hui entre les mains d'un habile expérimentateur, *M. Foucault*, la preuve matérielle de la rotation de la terre.

Quelques mots feront comprendre l'importance de la découverte du pendule.

Lorsqu'une boule suspendue à un fil ou à une tige est écartée de son aplomb, elle oscille à droite et à gauche jusqu'à ce qu'elle ait repris son équilibre. En observant ces oscillations, Galilée reconnut que les arcs décrits par la boule, quand ils sont peu étendus, s'accomplissent toujours dans des temps égaux ou autrement dit sont *isochrones*. La vitesse de ces oscillations dépend rigoureusement de la longueur du fil ou de la tige; elle est proportionnelle à la racine carrée de cette longueur. Ainsi une boule suspendue à un fil de 993 millimètres, décrit à Paris des oscillations dont la durée est d'une seconde; si le

fil est quatre fois moins long, 248 millimètres
environ, la boule décrira des oscillations
d'une demi-seconde. Après diverses expériences, qui lui parurent décisives, Galilée
proposa d'appliquer ce nouvel instrument aux
observations astronomiques et à toutes celles
qui réclament une grande précision. On voit
de suite quel avantage l'horlogerie devait
tirer de cette découverte. Il ne s'agissait, en
effet, que d'appliquer le pendule à un rouage
qui entretînt ses oscillations pour avoir l'instrument parfait de la mesure du temps. C'est
ce que fit Huyghens, et la première horloge
à pendule fut présentée par lui aux Etats de
Hollande le 16 juin 1657.

HUYGHENS appartient à cette pléiade de savants qui illustrèrent le dix-septième siècle
et contribuèrent à faire avancer la science
dans toutes les branches de l'activité humaine. Christian Huyghens, né à La Haye en
1629, attiré en France par Colbert, fit partie de l'Académie française de 1666 à 1681 ;
il retourna en Hollande après la révocation
de l'édit de Nantes, et mourut en 1695. Huyghens paya magnifiquement l'hospitalité française par des travaux impérissables. Sans être
arrêté par l'imperfection des machines horaires, il pressentit leurs principales applications. Dans la dédicace à Louis XIV de son
beau travail intitulé *horologium oscillatorium*
(horloge oscillatoire), il s'exprimait ainsi :

« puisque mes *automates* (horloges), introduits dans vos appartements, vous frappent chaque jour par la régularité de leurs indications et les conséquences qu'ils vous promettent pour les progrès de l'astronomie et de la navigation, je ne perdrai pas de temps à vous en démontrer toute l'utilité. » Les recherches de ce physicien, étranger à la métaphysique, le placent néanmoins entre Descartes et Leibnitz, tant il est vrai que toutes les connaissances se prêtent un mutuel appui. On sait déjà que Huyghens s'occupa avec Papin de la découverte d'un moteur universel. Qui peut déterminer l'influence que ces essais infructueux ont pu avoir sur l'invention de la machine à vapeur? Huyghens fut plus heureux en horlogerie. Les résultats admirables obtenus des horloges fixes à la suite de l'application du pendule, faisaient désirer un perfectionnement analogue pour les horloges portatives ou montres. L'examen des phénomènes de l'élasticité amena les savants à profiter de cette qualité développée dans les ressorts pour douer les balanciers des montres de la faculté d'accomplir des oscillations indépendantes de la force motrice. En 1674, Huyghens plia une lame d'acier très-mince en courbe spirale et l'appliqua à un balancier. Cette idée est aussi féconde que celle de Galilée, car les montres étaient désormais pourvues d'un agent sérieux de régularité : l'élasticité du *spiral* étant au balancier ce que la pesanteur est au pendule.

Les perfectionnements successifs des machines horaires suggérèrent à Newton la pensée de les faire servir à la solution du problème des longitudes en mer. Disons, en quelques mots, en quoi consiste ce problème.

On sait que les astronomes et les géomètres divisent la surface du globe terrestre en un certain nombre de lignes idéales dont les unes sont parallèles à l'équateur, tandis que les autres passent par les pôles ; les premières marquent la latitude, les secondes la longitude. Aujourd'hui, ces dénominations manquent de clarté, mais dans l'antiquité, le monde connu s'étendant plus dans le sens de l'équateur, les Romains nommèrent longitude ou longueur la distance comptée dans cette direction, et latitude ou largeur, celle comprise entre le pôle et la ligne équinoxiale. On sait également que, la terre étant ronde ; et tournant sur elle-même, elle ne présente que successivement toutes ses parties devant le soleil. Ainsi, il n'est midi, c'est-à-dire que le soleil n'est vis-à-vis de nous, qu'à un instant précis du jour, et cet instant n'est le même que pour les localités situées au même degré de longitude. C'est pourquoi on appelle aussi chaque degré de longitude *méridien*, ou ligne de midi. Par exemple, tous les lieux placés à l'est du méridien de Paris ont midi avant Paris, ceux placés à l'ouest ont midi après, et cela selon leur éloignement est ou ouest.

A Strasbourg, il est 12 heures 21 minutes du soir quand il est midi à Paris, et quand il n'est encore que 11 heures 35 minutes 51 secondes du matin à Brest. Bourges au contraire, situé sur le même méridien que Paris, a midi en même temps. Il suit de là que, sachant l'heure qu'il est dans un lieu pris pour point de départ, en la comparant avec l'heure du point où l'on se trouve, il est facile d'apprécier la distance qui sépare ces deux points par la différence des heures. En pleine mer, avec une montre assez parfaite pour marquer exactement l'heure d'un endroit convenu, comme celui de l'Observatoire de Paris ou de Londres, on peut toujours connaître sa position est ou ouest; comme la position nord ou sud est donnée par la hauteur des astres au-dessus de l'horizon, on sait parfaitement où l'on se trouve.

La simplicité de la détermination des longitudes par la comparaison des méridiens, fit que Newton plaça cette méthode à la tête de toutes celles proposées aux marins. Sur ses conclusions, le Parlement anglais vota une somme de 20,000 livres sterlings, environ 500,000 fr., à celui qui construirait un chronomètre dont les écarts ne dépasseraient

pas deux minutes de temps après quarante-
deux jours de traversée.

Harrison, qui, de charpentier de village,
devint un très-habile mécanicien, présenta,
en 1758, une horloge marine répondant au
programme ; ce ne fut cependant qu'en 1762
et à la suite de nombreuses tribulations que
ce grand artiste reçut enfin, à l'âge de 75
ans, le prix dû à ses travaux. L'envie et les
préjugés font la route aride aux novateurs.

La France, obérée par de longues guerres,
ne put donner que quelques encouragements
à ses constructeurs ; néanmoins, *Pierre Le
Roy* et *Ferdinand Berthoud* dépassèrent
bientôt les limites fixées par les Anglais.
Pierre Le Roy surtout eut la gloire de poser
les principes de la chronométrie nautique.
C'est à peine, cependant, si son nom est
connu de nos jours. Il découvrit les lois de
l'isochronisme dans les ressorts spiraux, imagina l'échappement libre et le balancier à
lames bi-métalliques pour la compensation
des effets du chaud et du froid. En France,
les travaux de *Sully, Berthoud, Lepine,
Breguet, Lepaute, Janvier,* etc. ; en Angleterre, de *Graham, Arnold, Mudge, Bar-
low, Tompion,* etc., perfectionnèrent peu
à peu tous les organes des machines horaires. Grâce à ces maîtres, les régula-
teurs à pendule donnent maintenant l'heure,
à moins d'une demi-seconde par jour ; et les

chronomètres, après plusieurs mois de traversée, déterminent la longitude d'un navire à environ une demi-lieue sous l'équateur. — A l'époque de Newton on tolérait une erreur de dix lieues dans les mêmes parages.

Lorsqu'on songe à la presque impossibilité où est l'homme de produire deux effets, deux quantités qui soient mathématiquement identiques, on se demande par quel prodige de mécanique les aiguilles d'un chronomètre accomplissent régulièrement leurs évolutions. Les balanciers de ces frêles machines, battant la demi-seconde, font 14,400 oscillations par heure, soit 345,600 par jour; elles subissent les températures les plus diverses; elles passent par toutes les vicissitudes des longs voyages maritimes, et ne varient que de quelques secondes! Qu'est-ce, cependant, que la durée d'une seconde répartie sur les dix millions trois cent soixante-huit mille battements que le chronomètre doit exécuter en trente jours!

On a vu, dans le chapitre précédent, la prodigieuse puissance née de l'alliance de la science et de l'industrie. Dans cette longue série d'êtres créés par le génie moderne, les machines motrices et les chronomètres occupent les deux extrémités; leurs fonctions sont différentes, mais elles obéissent aux mêmes lois physiques. Appliquées à la navigation, la machine à vapeur et la machine horaire concourent à un but commun, et l'on ne sait ce qu'il faut le plus admirer du formidable jeu des pistons de la première, ou de la précision mathématique de l'échappement de la seconde.

Au point de vue industriel, l'horlogerie a pris des développements considérables. La France, longtemps tributaire de la Suisse, fabrique aujourd'hui la plupart des ébauches des montres vendues à Genève. A Beaucourt, à Montbéliard, etc., sont établies de véritables usines d'où sortent annuellement plus de 150,000 mouvements de pendules. En Normandie, à Saint-Nicolas, près Dieppe, une colonie d'horlogers, transportée là par hasard, a fait de notables progrès sous la direction de *Pons*. Sa production dépasse 50,000 roulants par an. Quant aux montres terminées, la Franche-Comté rivalise avec la Chaux de Fonds, le Locle, Neufchâtel, etc. Le bureau de garantie de Besançon fournit des chiffres incontestables : en 1863, le nombre total des montres soumises au contrôle a été de 298,741, dont 109,078 montres en or.

Quelques braves gens s'obstinent malgré tout à demander l'heure au soleil ; nous les avertissons charitablement de se pourvoir d'une table d'équation qui indique jour par jour, à l'avance, la différence qui existe entre le *temps vrai*, ou heure solaire, et le *temps moyen* marqué par les horloges. Ces deux temps, par suite de l'ellipse que la terre décrit autour du soleil dans sa translation annuelle, ne sont d'accord que quatre fois par an : le 15 avril, le 15 juin, le 1ᵉʳ septembre et le 24 décembre.

Bien avant que la chronométrie fût en état d'établir pour les navigateurs des points de repère au milieu de l'immensité des mers, la *boussole* signalait aux marins la direction du Nord. La découverte de l'aimant est très-reculée. On savait chez les anciens que cette pierre attire le fer ; mais la propriété dont elle jouit de se diriger vers le nord, lorsqu'elle peut se mouvoir en liberté, ne paraît avoir été connue des Chinois que vers le onzième siècle. Dans l'origine, la boussole n'était qu'une aiguille aimantée flottant sur de l'eau contenue dans un vase. C'est ainsi que l'employaient les Arabes, qui tenaient eux-mêmes le procédé des Indous, car l'usage de cet instrument avait été répandu par les Chinois dans tout l'Océan indien. Après les croisades, il fut rapporté en France.

Les Italiens prétendent que l'idée de suspendre l'aiguille aimantée sur un pivot appartient à un pilote napolitain, *Flavio Gioia*. Peu importe. Des observations plus intéressantes à enregistrer sont celles qui se rapportent aux déviations de la boussole, que l'on croyait d'abord se diriger exactement vers le nord et qui indique seulement le pôle magnétique. *Christophe Colomb*, en 1492, dans le célèbre voyage où il découvrit l'Amérique, constata le premier la déclinaison de l'aiguille aimantée (1). Plus tard des tables ont été dressées, qui permettent de rectifier les erreurs d'indication.

La boussole ne sert pas seulement sur mer, les mineurs n'ont pas d'autre moyen d'orienter leurs galeries au fond des mines ; elles sont aussi en usage dans les travaux souterrains relatifs au percement de ces longs tunnels qui livrent passage aux locomotives à travers les montagnes.

Une découverte qui se rattache par ses applications aux instruments scientifiques est celle du VERRE. Il est à peu près impossible de lui assigner une date. On trouve dans les catacombes d'Egypte des momies parées d'ornements en verre taillé et doré. La fabrication du verre occupait à Rome un grand nombre d'ouvriers. Après la chute de l'empire romain, presque toutes les industries disparurent de l'Europe. L'art du verrier y fut réimporté par des Arabes ; les verreries qu'ils établirent à

(1) Voir le deuxième volume de *Physique* de la collection.

Venise acquirent bientôt une grande réputation par l'étamage des glaces. Les miroirs
sont en effet d'origine moderne ; ils ne remontent guère qu'au treizième siècle. Les
anciens ignorèrent la plupart des applications scientifiques du verre. Leurs lunettes
astronomiques, si on peut leur donner ce
nom, n'étaient que de longs tuyaux, sembla-
bles à ce que seraient nos lorgnettes dé-
pourvues de leur oculaire et de leur objectif.
Toutefois, le phénomène du grossissement
produit par les lentilles avait été observé jadis, et on en tirait parti pour grossir l'écriture et pour la gravure des camées. Aujour-
d'hui, les lentilles viennent en aide aux vues
trop longues ou trop courtes, en corrigeant
la convergence trop faible ou trop grande de
l'œil chez les presbytes et chez les myopes.

L'application de la courbure des verres à
cet usage est due, suivant quelques auteurs,
à *Roger Bacon*, moine anglais du comté de
Sommerset. Il ne faut pas confondre ce savant né en 1214, avec François Bacon, dont
nous avons signalé les principales découvertes. Roger Bacon était de l'ordre des Fran-
ciscains. En cherchant les secrets de la nature, il ne pouvait manquer d'être en butte
aux poursuites des ignorants superstitieux
qui l'entouraient. Dénoncé au Saint-Siége, on
lui défendit d'enseigner et on le jeta en prison; délivré d'abord par un légat, il fut de

nouveau emprisonné sous Nicolas III pendant
treize années. Après la mort de ce pontife,
on rendit la liberté à Bacon, qui mourut vers
1262. Si l'invention des lunettes ordinaires
ou besicles et du télescope n'est pas réelle-
ment de lui, il en a du moins décrit les effets
très-exactement, ainsi que les applications
qu'on en peut faire à la lecture et à l'observation des objets éloignés, tant sur terre que
dans le ciel. On lui attribue aussi l'invention
de la poudre, dont il connaissait certainement la combinaison. Roger Bacon fut un des
hommes les plus remarquables de son temps,
et les persécutions qu'il endura en font un
des martyrs de la science.

De simples loupes, ou lentilles de verre
très-convexes, servirent longtemps aux na-
turalistes sous le nom de *microscope simple*. Pour obtenir un plus fort grossissement,
on imagina le *microscope composé*, c'est-à-
dire un système de lentilles espacées et de
forces différentes que l'opérateur éloigne et
rapproche à volonté à l'aide d'une vis micro-
métrique. La priorité de cette invention est
réclamée à la fois par *Drebbel*, savant hollandais (1572), par *Janssen* (1590) et par
Fontana. Cet instrument, perfectionné par
Galilée et le docteur Hooke, fit un pas immense en 1757, grâce à un opticien de Londres nommé *Dallond*, qui réussit à faire des
lentilles achromatiques, c'est-à-dire exemptes

des inconvénients des fortes loupes, qui déforment les objets et ne laissent voir que des images colorées et confuses.

La découverte des *lunettes d'approche* eut lieu quelques années après l'invention du microscope. Elle est due au hasard. La tradition rapporte que *Jean Lippersheim*, opticien à Middelbourg, s'occupant, vers 1609, dans son atelier, à préparer des verres concaves et convexes, avait mis de côté ceux qui paraissaient avoir quelque défaut; ses enfants jouaient avec ces verres de rebut et s'amusaient à les rapprocher les uns des autres en regardant à travers. Tout à coup, l'un d'eux poussa un cri d'étonnement : par la combinaison fortuite de deux lentilles de formes différentes il venait d'apercevoir des objets situés à une grande distance. Jean Lippersheim, surpris, s'empressa de renouveler l'expérience et, pour étudier la combinaison des verres et les effets du plus ou moins d'écart entre eux, il les adapta à des tuyaux rentrant les uns dans les autres. La lunette d'approche était trouvée ! Nous ne savons si ces faits sont exacts ou si *Jacques Métius* est l'auteur de cette découverte, à propos de laquelle Huyghens disait qu'il mettrait au-dessus de tous les mortels celui qui, par ses simples réflexions et sans le concours du hasard, serait arrivé à l'invention des lunettes d'approche. » Quoi qu'il en soit,

Galilée, sur ce que le bruit public rapportait de l'appareil nouveau, en construisit un analogue qu'il améliora plus tard et avec lequel il fit ses plus curieuses découvertes astronomiques. Ces lunettes ont gardé le nom de lunettes de Galilée ou de Hollande, ce qui indique leur origine. Au reste, tous les astronomes apportèrent leur contingent de perfectionnements à ces précieux instruments. *Képler*, qui découvrit les lois du mouvement des planètes autour du soleil, ois qui portent son nom, le P. *Rheita, Newton*, le P. *Zeucchi, Gregory, Herschell*, modifièrent la lunette d'approche et créèrent le TÉLESCOPE.

Cet instrument diffère de la lunette astronomique par l'addition de miroirs métalliques courbes sur lesquels s'opère le grossissement des objets qui s'y réfléchissent. Les premiers télescopes datent du milieu du dix-septième siècle. Les plus puissants ont été établis par *Herschell*, simple musicien hanovrien, né en 1759, mais qui s'éprit d'une ardente passion pour les études astronomiques. Afin d'avoir des moyens d'observation en harmonie avec ses désirs, William Herschell construisit lui-même des télescopes de grande dimension, avec lesquels il découvrit une nouvelle planète, Uranus, située aux confins du système solaire. La réputation du musicien-astronome fut faite à

partir de ce moment ; et ses autres découvertes, en 1787 et 1789, des satellites d'Uranus et de deux satellites de Saturne, le placè-
rent au rang des astronomes les plus célèbres.
Georges III se chargea alors des dépenses
d'un télescope monstre dont Herschell rêvait
l'établissement. Cet énorme appareil fut installé à Slouh, dans une propriété de l'astro-
nome : le tube avait trente-neuf pieds de
long et quatre pieds dix pouces de diamètre ;
deux hommes le faisaient manœuvrer à l'aide
de cordages et de poulies ; son grossissement
atteignait jusqu'à 6,000 fois le diamètre du
corps observé. L'immense machine rendit peu
de services. Cet insuccès n'empêcha pas *Lord*
Ross de faire construire dernièrement en
Angleterre un télescope sur des proportions
encore plus considérables, puisque le miroir
et le tube pèsent ensemble plus de 10,000
kilog.

En France, le télescope, comme moyen
d'observation céleste, est à peu près abandonné ; on en est revenu communément
aux simples lunettes à réfraction. Cependant
les travaux d'Herschell ont beaucoup contribué aux progrès de l'art du verrier et de
tous les instruments d'optique ; ils ont permis peut-être à *Fresnel* de construire ses admirables phares lenticulaires.

Nous avons mentionné les différents pro-

cédés qui permettent aux navigateurs de déterminer leur position en pleine mer à l'aide
de la boussole, du chronomètre et de la lunette montée sur le quart du cercle. Il nous
reste à parler des PHARES qui, la nuit, signa-
lent les écueils ou la passe des ports. Dans
les commencements de la navigation, on en-
tretenait des bûchers le long des côtes pour
les faire reconnaître, ou bien on allumait de
grands feux sur de hautes tours. Celle qui fut
construite dans ce but par *Sostrate de Gnide*
à l'entrée du port d'Alexandrie, trois siècles
avant notre ère, passait pour une des sept
merveilles du monde. La lumière de ces feux
en plein air avait peu d'intensité, et les
phares de cette espèce n'offraient qu'un médiocre secours aux marins; mais les moyens
d'éclairage étaient si défectueux, que jusqu'à
une époque presque contemporaine, on se
contentait de ce système barbare. Les LAMPES
que nous employons aujourd'hui étaient complétement inconnues aux anciens; une mèche
trempant dans un vase d'huile, tel fut le
mode usité pendant des siècles. *Quinquet*
imagina un appareil dans lequel la mèche,
alimentée déjà par la capillarité, recevait
d'un réservoir supérieur l'huile nécessaire à
la combustion. Cette mèche plate manquait
d'air et fumait autant qu'elle éclairait. En
1786, *Argand*, de Genève, inventa la mèche
circulaire en forme de cylindre creux, et,

l'entourant d'une cheminée en verre, il créa la lampe à double courant d'air, dans laquelle la combustion de l'huile, activée par l'afflux de l'air, donne une lumière parfaite. Cette lampe remplaça partout les moyens d'éclairage insuffisants et nauséabonds de nos ancêtres. Plus tard, *Carcel*, horloger à Paris (1800), construisit la lampe qui porte son nom ; elle doit sa supériorité à l'espèce de pompe mue par un rouage d'horlogerie qui fait monter régulièrement l'huile à la mèche et permet de faire *brûler à blanc*. Enfin, en 1836, *Franchot*, mécanicien, introduisit un dernier perfectionnement par les lampes dites à modérateurs, dont le prix réduit généralisa l'usage.

Pour en revenir aux phares, disons de suite qu'ils profitèrent de toutes les améliorations apportées dans l'éclairage, et que, par l'addition de miroirs réfléchissants, les effets naturels des lampes s'augmentèrent prodigieusement. Dès qu'on eut les moyens d'obtenir un foyer lumineux visible à une grande distance on pensa à combiner les feux, de manière à ce que les marins ne pussent les confondre ou ne pas les apercevoir, s'ils se trouvaient hors de l'axe du foyer. On vainquit ces deux difficultés en imprimant, à l'aide d'un mécanisme d'horlogerie, un mouvement de rotation au miroir réfléchissant. Le faisceau sortant de ce miroir est alors successivement

dirigé sur tous les points de l'horizon. Chaque
vaisseau aperçoit un instant, et voit disparaître
la lumière; en variant la durée de ce mouvement par des éclats et des éclipses, chaque
phare est en quelque sorte individualisé, et ses
signaux représentent alors un point précis de
la côte. Cependant, les miroirs absorbaient,
par la réflexion, une énorme quantité de
rayons, et diminuaient d'autant la portée des
phares. On essaya en Angleterre de les remplacer par des lentilles. Cette tentative
avorta.

La grande épaisseur qu'elles exigeaient
nuisait à leur transparence et leur poids fa-
tiguait la machine de rotation, au point d'en
amener très-vite la destruction. Un ingénieur
Français, FRESNEL, combina des anneaux lenticulaires, ayant plus de puissance sous un
moindre volume, et faciles à exécuter sans
trop de frais. Ces *lentilles à échelons*, pouvant rassembler une grande quantité de lumière, réfractent celle-ci dans des directions
sensiblement parallèles, avec un tel éclat,
qu'elles envoient successivement vers tous les
points de l'horizon une lumière équivalente
à celle de 3 à 4,000 lampes réunies; c'est huit
fois ce que produisaient les plus beaux ré-
flecteurs paraboliques. Le premier phare len-
ticulaire a été installé par Fresnel sur la tour
de Gordouan, à l'embouchure de la Gironde,
en 1823. La supériorité du nouveau système

est depuis longtemps proclamée. Fresnel mérite l'éloge qu'Arago faisait de lui en disant : « Il eut la gloire d'une de ces applications heureuses auxquelles toutes les nations sont appelées à prendre une part égale et dont l'humanité n'aura jamais à gémir. » Aujourd'hui tous les points utiles des côtes de France sont indiqués par des phares à feux fixes ou à feux tournants à éclats variés, afin qu'à la nature du feu, qu'il distingue de loin, le navire reconnaisse la partie du littoral dont il approche. Des cartes spéciales sont dressées pour cet objet. Un phare de premier ordre peut être vu à une douzaine de lieues au large, tant est grande la concentration des rayons lumineux.

La construction des phares sur les écueils présente souvent de grandes difficultés. Tous les éléments sont à la fois conjurés contre la tour qu'il s'agit d'élever avant d'y faire briller l'étoile du salut. Les efforts du vent, la chaleur, l'humidité et l'action corrosive de l'eau de mer sont autant de causes qui exigent impérieusement que l'édifice présente toutes les garanties possibles de solidité. Des travaux considérables ont été quelquefois enlevés en quelques heures par les vagues. Le phare d'Eddystone, sur les côtes d'Angleterre, est un exemple remarquable de la violence des chocs que ces constructions maritimes sont exposées à recevoir de la part de la mer. Pendant les tempêtes il est enveloppé d'un jet majestueux qui le dépasse de plus de 25 mètres. La colonne d'eau ainsi soulevée n'a pas moins de deux à trois mille mètres cubes. Les phares actuels ont donc servi à perfectionner les systèmes d'éclairage, les sciences optiques et l'art de bâtir ; à ces titres, leur place était marquée parmi les inventions et les découvertes.

A propos de la pesanteur de l'air et de ses applications industrielles dans là machine atmosphérique, nous avons raconté que *Torricelli*, élève de Galilée, fit plusieurs expériences pour vérifier l'hypothèse qu'il avait conçue relativement à l'équilibre des pressions. Voici comment procéda le savant Romain : dans un tube de verre fermé d'un bout et d'une longueur suffisante, il versa du mercure, puis le retournant, le bout fermé en haut, et un doigt sur l'orifice, il le plongea dans une cuvette de mercure ; le liquide descendit d'abord, mais comme il laissait le vide derrière lui, puisque le tube était fermé, il s'arrêta à une hauteur de 76 centimètres et resta immobile. Torricelli en conclut que la pression de l'air sur le mercure du bassin faisait équilibre à une colonne de mercure d'un poids égal à celui d'une colonne d'eau de 32 pieds ayant le même diamètre. En effet, la pesanteur spécifique du mercure étant treize fois et demie celle de l'eau, le rapport des hauteurs est le même que celui des densités : 76 centimètres × par 13 1/2 font 10 mètres 26 cent, ou près de 32 pieds, ancienne mesure.

A dater de ce moment, la science était en possession d'un moyen sûr pour mesurer la pression de l'air et par suite de tous les gaz. — Le BAROMÈTRE était trouvé.

Une des premières et des plus mémorables expériences faites à l'aide du nouvel instrument est due à l'immortel *Blaise Pascal,* un des plus vastes génies des temps modernes. Le baromètre indiquant la pression de l'atmosphère, si celle-ci n'a qu'une hauteur limitée, la pression devait décroître à mesure qu'on s'élèverait. Ce fait important fut constaté dans l'ascension du Puy-de-Dôme, montagne située en Auvergne, et haute de plus de cinq cents toises.

Périer, beau-frère de Pascal, sur ses indications entreprit, le 20 septembre 1648, de gravir le pic et d'observer à cette occasion les hauteurs barométriques. La décroissance de la colonne de mercure fut très-sensible; entre la base de la montagne et son sommet, on constata une variation de trois pouces une ligne et demie. Pascal répéta lui-même à Paris ces expériences décisives en montant à la Tour-Saint-Jacques la Boucherie. C'est en souvenir de ce fait scientifique que la statue

de l'illustre mathématicien fut placée dans
cette tour en 1856. Dans les ascensions aé-
rostatiques, on se sert du baromètre pour apprécier la hauteur à laquelle on est parvenu.
Mais beaucoup de personnes ne connaissent
le baromètre que par ses annonces du beau
ou du mauvais temps. Comme, dans nos
climats, l'abaissement du baromètre coïncide
ordinairement avec la présence des vents qui
amènent la pluie, cet instrument a fini par
remplacer le vieil indicateur où la torsion
d'une corde de boyaux dénote l'état hygro-
métrique de l'atmosphère. Les observations
faites à Paris, où une hauteur de 77 à 78
centimètres de mercure est considérée comme
un indice de beau temps, seraient fautives
ailleurs. Dans une localité élevée, à Pontar-
lier, par exemple, pour ne pas sortir de
France, le baromètre ne marquera jamais
cette pression, ni par conséquent *beau fixe;*
par contre, à la moindre pluie, il marquera
tempête. Il faut donc qu'un baromètre chargé
de prédire le temps soit réglé selon la *latitude* et l'*altitude* des lieux.

Les baromètres sont construits de différentes manières, mais reposent tous sur le
même principe. Après le tube de *Torricelli*
et les instruments de *Pascal,* dits baromètre
à cuvette et baromètre à siphon, le physicien
anglais *Hooke* combina, dans la seconde
moitié du dix-septième siècle, le baromètre à

cadran. *Gay-Lussac* modifia ensuite le baromètre à cuvette, dans le but de le rendre
facilement transportable ; dans ces derniers
temps, un médecin français, *Vidi*, inventa
le baromètre *anéroïde*, qui mesure la pression atmosphérique par les déformations d'un
anneau métallique creux et vide d'air et
donne pour les usages ordinaires des résultats suffisants.

LE THERMOMÈTRE accompagne souvent le
baromètre. L'idée première de mesurer les
variations de la chaleur par un instrument
appartient à *Cornélius Dubbel*, savant hollandais, mort en 1634, et qui figure parmi
les inventeurs du microscope. Les imperfec-
tions de son système furent corrigées par plusieurs membres de l'association savante, ins-
tituée à Florence au dix-septième siècle, sous
le nom d'Académie *del Cimento*. De l'alcool
coloré, enfermé dans un tube capillaire (fin
comme un cheveu), terminé par un petit réservoir sphérique, représente cet appareil,
sur lequel se traduisent, par la dilatation ou
la contraction du liquide, les différences de
température. La graduation de la colonne
thermométrique et la construction de l'instrument occupèrent *Rinaldi*, professeur à
Padoue, *Newton*, *Amontons*, physicien français et *Fahrenheit*, opticien de Dantzig.
Réaumur, membre de l'Académie des scien-

ces, proposa, vers 1750, d'adopter le point de la température de l'eau bouillante , fixé déjà par Amontons, et de prendre pour second point la glace fondante, en divisant en 80 parties ou degrés l'espace compris entre ces deux termes extrêmes de l'échelle. En 1741, un savant suédois, *Celsius*, y substitua la division en 100 degrés. Le *thermomètre centigrade* est très-employé en France, celui de Réaumur l'est en Allemagne ; les Anglais préfèrent le thermomètre de Fahrenheit, divisé en 212 parties égales et dont le terme inférieur est fort au-dessous du nôtre. Les thermomètres sont à alcool ou à mercure, selon la nature des expériences que l'on se propose de faire ; en dehors de la science, le choix est indifférent.

L'habile horloger *Abraham Bréguet*, mòrt en 1828, a imaginé un THERMOMÈTRE MÉTALLIQUE fondé sur la différence de dilatation des métaux. Pierre *Le Roy*, notre célèbre constructeur de chronomètres, avait déjà compensé les effets de la chaleur sur le balancier de sa première montre marine par des lames bimétalliques ; cette idée appliquée avec sagacité indique sur quel principe repose le *thermomètre Bréguet*.

Pour déterminer des températures supérieures à celles auxquelles le verre commence à se ramollir, on se sert du PYROMÈTRE de *Wedgwood*, fondé sur la propriété que pos-

sède l'argile, de subir un retrait permanent
et d'autant plus prononcé qu'on l'a portée à
une plus haute température. *Alexandre
Brongniart* et *Pouillet* ont modifié ces appareils pour certains cas spéciaux. Nous ren-
voyons pour ces détails aux traités de physique, que l'on consultera également avec fruit
pour les découvertes de *Saussure*, savant
Genévois, né en 1740, et à qui l'on doit, avec
l'HYGROMÈTRE, qui sert à apprécier la quantité de vapeur aqueuse répandue dans l'air,
d'autres instruments du domaine de la science
pure.

Une des découvertes qui ont le plus étonné
le monde, c'est sans contredit celle des ballons. La découverte des AÉROSTATS est due
aux frères Étienne et Joseph *Montgolfier*,
dont le père était fabricant de papiers à Annonay. Déjà, en 1670, le P. *Lana* avait indiqué
la possibilité de s'élever dans l'air ; mais jusqu'en 1783, aucune expérience sérieuse ne
paraît avoir été faite. En remarquant que, par
suite de la différence de densité, la fumée
montait dans l'atmosphère, les frères Montgolfier eurent l'idée d'utiliser cette force as-
censionnelle pour enlever un appareil en
toile doublée de papier et gonflé à l'aide d'un
réchaud placé au-dessous. Ce premier essai
réussit complétement. La fumée, ou pour
mieux dire l'air chauffé par le foyer étant

plus léger que l'air extérieur, emportait dans son ascension sa fragile enveloppe. Les *montgolfières* devinrent l'objet d'un engouement universel, et les expériences se multiplièrent de tous les côtés. Dans le même temps, *Charles*, professeur de physique à Paris, conçut la pensée d'emplir un ballon au moyen du gaz hydrogène, dont *Cavendish* avait fait connaître l'extrême légèreté dès 1766, et dont le poids est quatorze fois moindre que celui de l'air. L'expérience eut lieu à Paris, dans le Champ de-Mars, le 27 août 1783.

Le 19 novembre suivant, Montgolfier renouvela à Paris, avec une montgolfière d'un grand volume, l'essai fait à Annonay. Pour savoir si les êtres organisés n'éprouveraient pas dans leur économie de graves perturbations durant les voyages aériens, on avait enfermé dans une cage d'osier, suspendue à la partie inférieure de la montgolfière, un mouton, un coq et un canard. Ces navigateurs d'un nouveau genre descendirent à terre sans trouble apparent. Cependant Louis XVI ne voulut pas d'abord permettre une tentative qu'il considérait comme dangereuse pour des hommes ; vaincu enfin par les instances de *Pilatre des Rosiers* et du marquis *d'Arlandes*, il accorda la permission. Ces deux premiers aéronautes s'élevèrent dans les airs en novembre 1783, en présence d'une foule immense réunie au bois de Boulogne. Peu de temps après, *Charles* et *Robert* firent à leur tour une ascension avec un véritable ballon perfectionné par l'addition de la soupape, qui donne la faculté de ralentir la vitesse de la machine en lâchant du gaz. Charles s'était aussi muni d'un baromètre, afin de se rendre compte de la hauteur à laquelle il parviendrait. Une nacelle contenait les hardis explorateurs de l'atmosphère, et le lest qu'ils jetaient pour s'élever davantage. Si la découverte de l'aérostation appartient aux frères Montgolfier, il est donc juste de reconnaître que le physicien Charles combina le premier tous les moyens qui ont été employés depuis.

Nous ne rapporterons pas toutes les ascensions qui se succédèrent ; la plus importante est celle qu'exécutèrent, le 7 janvier 1785, un aéronaute français, *Blanchard*, et un Irlandais, le docteur *Geffries*, qui, avec une audace incroyable, entreprirent de venir de Douvres à Calais, en passant par-dessus le bras de mer qui sépare les côtes d'Angleterre des côtes de France. Secondés par un vent favorable, les intrépides voyageurs parvinrent au but de leur course, mais non sans avoir couru les plus grands dangers. Leur ballon, qui perdait son gaz, manqua de les précipiter dans la Manche ; ils durent jeter à la mer leurs provisions, leurs ustensiles, tout, jusqu'à leurs vêtements, pour alléger la nacelle. Pilâtre des Rosiers fut moins heureux.

Ayant voulu recommencer cette téméraire
entreprise, en combinant les deux systèmes,
de la montgolfière et du ballon, il périt dans
la traversée avec un physicien de Boulogne
nommé *Romain*, qui l'accompagnait. La
science aérostatique perdit du même coup
deux de ses plus courageux adeptes.

Franklin disait en voyant un ballon : « Ce
n'est qu'un enfant, laissez-le grandir ! » Malheureusement l'enfant a peu tenu ce qu'il
semblait promettre. On essaya en 1794 d'en-
rôler les aérostats au service militaire. Sur
la proposition de l'illustre *Monge*, le père de
la géométrie descriptive et le créateur de
l'Ecole polytechnique, une compagnie d'aé-
rostiers fut organisée. Un physicien distin-
gué, *Coutelle*, en eut le commandement. On
espérait, en s'élevant en l'air au moyen de
ballons captifs, surprendre les secrets de
l'ennemi. Mais cet observatoire est trop mobile. Lors du siége de Mayence, le commandant Coutelle rapporte qu'au moment où il
commençait à discerner les mouvements des
troupes assiégées, le vent fraîchit et porta
par trois fois son ballon jusqu'à terre. Naturellement il fallut abandonner la partie.
Chassé de l'armée pour cause d'insubordina-
tion, l'aérostat rentra dans la vie civile, où
il paraît simplement destiné à servir les in-
térêts de la météorologie. Diverses ascensions,
ayant un but purement scientifique, ont été

effectuées par les savants dont les noms suivent, et aux dates que nous consignons : à Hambourg, en 1803, par *MM. Robertson* et *L'Hoël*, physiciens flamands ; en France , en 1804, par *MM. Gay-Lussac* et *Biot* ; en 1850, par *MM. Barral* et *Bixio ;* une récente ascension faite en Angleterre fournit des résultats intéressants pour l'étude des variations de température dans l'atmosphère. L'ascension opérée par MM. Gay-Lussac et Biot servit à constater l'état électrique de l'air à de grandes hauteurs. Dans un autre voyage, Gay-Lussac partit seul et s'éleva à 7,000 mètres au-dessus de la mer. On voit tout ce que la science peut retirer de l'admirable découverte de Montgolfier.

Mais, dira-t-on peut-être, et la direction des ballons dont vous ne parlez pas?

Nous pourrions répondre que nous n'enregistrons que les faits acquis; toutefois, comme nous avons consacré quelques lignes au mouvement perpétuel, nous ne sommes guère en droit de nous taire sur la direction des ballons. Cette chimère vaut l'autre. Le savant abbé *Moigno* évalue l'action d'un vent un peu vif sur la surface d'un ballon à la force de 500 chevaux vapeur; en attendant que l'industrie humaine ait enfanté un moteur capable de faire seulement équilibre, sous un petit volume, à cette puissance, bien des années se passeront sans doute!... La nouvelle formule adoptée depuis peu change, il est vrai, les termes du problème. *Plus lourd que l'air* signifie probablement que les modernes Cyrano renoncent à profiter de la découverte des Montgolfier et que la machine à trouver devra s'élever dans l'air et s'y diriger à l'instar des grands oiseaux. A cela la science objecte que l'oiseau déploie en une seconde, pour se maintenir dans l'air, une quantité d'action à peu près égale à celle qui serait nécessaire pour élever son propre poids à huit mètres de hauteur dans une seconde, ce qui suppose en moyenne vingt-quatre battements ou coups d'aile en une même fraction de temps. Dans ces conditions, ce qu'il faut d'abord trouver pour les *aéronefs*, c'est encore un nouveau moteur, car, dans l'état actuel de la physique et de la mécanique, la navigation aérienne est impossible. — Quant à présent, toutes les découvertes et inventions des *aviateurs* se bornent à des mots nouveaux.

CHAPITRE III

—

L'ÉLECTRICITÉ ET SES APPLICATIONS.

Machine électrique. — Bouteille de Leyde. — Paratonnerre. — Télégraphie aérienne. — Télégraphie électrique. — Horloges électriques. — Galvanoplastie.

Nous n'avons pas à définir l'électricité,
mais à exposer ses effets et leurs diverses applications industrielles. Au reste, malgré les
travaux considérables des savants qui se sont
livrés à son étude, l'électricité est encore un
agent inconnu dans sa nature, et connu seulement par les phénomènes qu'il produit. La
propriété qu'ont certains corps légèrement
frottés, comme l'ambre jaune et le jayet,
d'attirer d'autres corps n'était pas ignorée
des anciens; mais leurs observations ne les
avaient pas conduits à tenter aucune expérience scientifique, ni à se demander s'il
n'existait pas un rapport entre ce fait et celui de l'attraction exercée par l'aimant naturel sur le fer, le nickel, le cobalt, etc. On
admet aujourd'hui une cause commune à l'é-
lectricité et au magnétisme; cette cause,
malgré la variété des effets qu'elle engendre,

se manifeste toujours, en principe, de la même manière.

Le premier observateur qui s'est appliqué à trouver la loi de ces phénomènes est un médecin de la reine Elisabeth d'Angleterre, nommé *Guillaume Gilbert*, mort en 1603. Après lui *Otto de Guericke*, ce bourgmestre de Magdebourg qui fut l'un des plus ingénieux observateurs de son époque, construisit un appareil destiné à expérimenter la puissance électrique développée dans les corps par le frottement. On sait déjà qu'*Otto de Guericke* est l'inventeur de la machine pneumatique ; la machine électrique qu'il imagina a été le point de départ des appareils dont on fait encore usage maintenant. On en était arrivé seulement, avec les moyens d'expérimentation dont il avait doté la science, à distinguer les corps en bons ou mauvais conducteurs de l'électricité, lorsqu'un heureux hasard fit découvrir à deux physiciens anglais, *Grey* et *Wehler*, que l'action du fluide électrique se transmet rapidement à distance. Un grand nombre d'expériences eurent lieu à ce sujet durant l'année 1729. On cite les mémoires publiés par *Dufay*, physicien français, comme reliant entre eux les faits observés de 1733 à 1745 et jetant les fondements de la science nouvelle. Enfin, en 1746, *Mussenbroek*, physicien de Leyde, pensa que si un corps électrisé était entouré de tous côtés par des corps non-conducteurs, l'électricité pourrait s'y accumuler et s'y conserver. Or, Mussenbroek n'imagina rien de mieux que d'électriser un jour, avec ses amis, de l'eau contenue dans un récipient de verre. Ces physiciens ne se doutaient guère qu'ils mettaient le tonnerre en bouteille !

L'un d'eux manqua l'apprendre à ses dépens ; au moment où il touchait le fil qui mettait l'eau en communication avec la machine électrique, il ressentit une commotion terrible... La *bouteille de Leyde* est toujours employée pour démontrer les effets de l'électricité accumulée. L'abbé *Nollet*, en France, *Watson*, en Angleterre, et une foule d'autres savants répétèrent l'expérience de Leyde et cherchèrent à en analyser les causes. Le public se mit bientôt de la partie ; l'électricité devint à la mode, et dans les salons et sur les places publiques, chacun voulut se mêler à ce divertissement d'un genre nouveau. Les expériences électriques se propagèrent jusqu'en Amérique, où, par un concours de circonstances fortuites, elles attirèrent l'attention de l'illustre *Benjamin Franklin*, qui devait établir, peu après, l'identité du fluide électrique et de la foudre et inventer le *paratonnerre*.

FRANKLIN, par ses occupations antérieures et son éducation, ne semblait aucunement préparé à l'étude des phénomènes électriques.

Son père, fabricant de chandelles et de savons à Boston, chargé d'une nombreuse famille, ne put l'envoyer que peu de temps à l'école; il le reprit vers dix ou onze ans pour l'utiliser dans son commerce. Le défaut de vocation du jeune Franklin pour ce métier fit qu'on le mit quelques mois à l'essai chez un coutelier; enfin, son goût pour les livres l'emporta, et il entra comme apprenti imprimeur chez son frère. A seize ans, il prenait part à la rédaction d'un journal.

Après plusieurs aventures trop longues à raconter ici, Franklin vint une première fois en Angleterre pour acheter les caractères nécessaires à la création d'une imprimerie. De retour à Philadelphie, il se décida à monter un établissement avec un associé, puis il reprit les affaires seul; pour réussir, il fut obligé de faire de ses propres mains une grande partie du matériel, de graver des poinçons, de frapper des matrices, de fondre des caractères, et même de fabriquer de l'encre. Dans ces difficiles conjonctures, Franklin fut heureux de puiser des moyens d'action dans les souvenirs de son enfance. En effet, son père, voulant lui donner un métier, en cherchait un qui lui fût agréable « en conséquence, dit Franklin dans ses *Mémoires*, il me menait promener avec lui, et me faisait voir des menuisiers, des maçons, des tourneurs, des chaudronniers, etc., afin d'observer mon goût et de me donner une profession qui me retînt sur la terre ferme. J'ai toujours pris plaisir à voir de bons ouvriers se servir de leurs outils. Plus d'une fois que je me suis bien trouvé d'avoir profité de mes visites! Cela m'a mis en état de faire dans ma maison divers petits ouvrages, quand je n'avais pas un ouvrier sous la main, et de construire de petites machines pour mes expériences, à l'instant même où j'étais dans le feu du désir. » Grâce à ses aptitudes remarquables et à une énergie soutenue, Franklin vit prospérer ses entreprises; il avait acquis « une fortune suffisante quoique modérée » lorsqu'il acheta le cabinet du docteur *Spence*, qui était venu d'Angleterre pour ouvrir des cours à Philadelphie. C'est à cette époque (1746) que Franklin commença ses expériences sur l'électricité. Un homme doué d'un esprit aussi investigateur ne pouvait considérer longtemps les phénomènes électriques au point de vue de la simple curiosité.

Le philosophe américain ne tarda pas à donner l'explication des effets produits par la bouteille de Leyde. Il reconnut l'existence d'un seul fluide électrique répandu dans tous les corps, à un certain degré et selon leur affinité pour cet agent physique. Si, par une circonstance quelconque, cet équilibre naturel est troublé, si un corps est chargé d'électricité aux dépens d'un autre, un courant s'établit et le fluide accumulé s'écoule jusqu'à ce que les choses se retrouvent dans leur étal normal. Un détail, bon d'ailleurs à noter, c'est qu'il n'est pas prudent d'être placé sur la route du fluide lorsqu'un corps électrisé décharge son trop-plein. Cette ressemblance entre les effets produits par les décharges électriques des appareils et ceux produits par la foudre avait déjà éveillé l'attention des savants.

Franklin fut particulièrement frappé de l'analogie que présente l'étincelle électrique et la foudre ; il remarqua aussi que les arbres, les édifices élevés, les sommets des montagnes sont fort souvent atteints par le tonnerre, et que les corps pointus sont plus accessibles à l'électricité que les corps arrondis : il conclut de là qu'une verge de fer élevée dans les airs et communiquant avec le sol par un conducteur métallique pourrait soutirer l'électricité accumulée dans les nuages en temps d'orage, et prévenir ainsi les explosions et les accidents produits par la foudre. Ces idées furent exposées par leur auteur en 1751 dans une brochure ayant pour titre *Lettres sur l'électricité*. Ce livre présenté à la *Société royale des sciences*, à Londres, reçut un mauvais accueil. On rit beaucoup du projet de conjurer le tonnerre par quelques barres de fer dressées contre le ciel (1). En France, *Buffon* accepta l'hypothèse de Franklin et s'occupa avec un de ses amis, *Dalibard*, de la vérifier. Les appareils disposés à cet effet prouvèrent la vérité des assertions de l'ancien apprenti compositeur.

Ces expériences n'étaient pas sans danger, car le professeur *Richmann* y trouva la mort à Saint-Pétersbourg, le 6 août 1753. Elles se répétèrent néanmoins de toutes parts. Tous les édifices publics de Philadelphie furent bientôt armés contre la foudre, et les particuliers s'empressèrent d'imiter le gouvernement. L'Amérique, dit M. Louis *Figuier*, avait accepté avec enthousiasme et comme une bienfait public l'invention du paratonnerre ; mais cette découverte rencontra en Europe une résistance sérieuse. En Angleterre, par haine contre Franklin, l'un des citoyens qui avaient le plus activement contribué à l'émancipation des Etats-Unis, on repoussa la découverte. Les physiciens anglais décidè-

(1) La *Société Royale* reconnut ensuite son erreur. On lit en effet dans les Mémoires de Franklin : « Quelques-uns des membres de la Société ayant vérifié avec succès l'expérience de tirer la foudre des nuages au moyen d'une tige pointue, la Société, qui en fut informée, me fit plus qu'amende honorable pour la légèreté avec laquelle elle m'avait traité. Sans que j'eusse sollicité cet honneur, elle me choisit pour un de ses membres et m'exempta des payements d'usage. Elle me décerna aussi la médaille d'or pour l'année 1753. »

rent, pour annuler le mérite de l'inventeur,
que la tige pointue était dangereuse, qu'il
fallait la terminer en boule; hérésie scientifique qui tomba sous le ridicule et déconsi-
déra les tristes flatteurs des rancunes d'un
roi et d'un vain amour-propre national.

Le nom de Franklin appartient à l'histoire.
Sa vie tout entière a été consacrée au service de l'humanité. Dans les grandes comme
dans les petites choses, il fit preuve d'une
intelligence indépendante et sagace, qui s'ou-
vrait librement aux simples lumières de la
vérité et du bon sens. L'auteur de la *Science
du bonhomme Richard*, le représentant de la
grande république américaine, le modeste
inventeur du poêle pensylvanien, le savant à
qui l'on doit le paratonnerre, le créateur des
bibliothèques populaires, le père de la constitution démocratique des Etats-Unis réunit
tous les titres à la reconnaissance de la postérité. Franklin, né en 1706, est mort en
1790, à l'âge de 84 ans. L'Assemblée nationale, sur la proposition de Mirabeau, prit le
deuil à cette occasion.

Les phénomènes dont l'observation a donné
naissance à la machine électrique, à la bouteille de Leyde et au paratonnerre, sont
attribués par les physiciens à l'électricité
statique, c'est-à-dire en repos; l'électricité
dynamique, ou en mouvement, a reçu plu-

sieurs applications importantes, entre autres la télégraphie électrique et la galvanoplastie.

On a vu par ce qui précède que le premier moyen employé pour produire artificiellement de l'électricité a été le frottement. En 1791, un professeur d'anatomie, à Bologne, publia un travail, fruit de onze années d'études, dans lequel était révélée l'existence de l'électricité à l'état de courant continu. Ce professeur était *Galvani*, dont le nom devait survivre à la ruine du système scientifique qu'il avait échafaudé sur *l'électricité animale*. Des physiologistes contemporains ont, il est vrai, rendu à Galvani une partie de son bagage scientifique, mais la *pile électrique*, source permanente de fluide, a échappé à ses observations. Galvani, disséquant des grenouilles, avait cru reconnaître que les convulsions qu'elles éprouvaient, lorsque ses instruments touchaient certains muscles, étaient dues à des phénomènes électriques propres à l'animal. Cette expérience peu approfondie avait enfanté la théorie du *galvanisme*, adoptée à l'origine par presque tous les savants. Seul, *Volta* s'éleva contre le système préconisé; il prouva que les effets provoqués chez les grenouilles disséquées étaient produits par la combinaison des deux métaux, et que les observations avaient été mal faites. La guerre entre les partisans des deux opinions dura six ans.

Enfin, en 1800, Volta produisit un argument sans réplique, c'est l'appareil qui reçut son nom : la *pile de Volta !* On sait que cet instrument produit un courant électrique non interrompu, par suite de l'action chimique qu'exerce un acide sur des rondelles en métal (cuivre et zinc) superposées et séparées entre elles par des morceaux de drap ou de carton imprégnés du liquide acidulé.

Une fois en possession de la véritable théorie de la formation de l'électricité et de l'appareil même qui sert à la produire, les physiciens s'occupèrent d'en augmenter la puissance. *Nicholson*, *Daniell*, *Bunsen*, etc., modifièrent les *éléments* de la pile, mais le principe est resté le même, et ce nouvel agent d'une force qui se transmet à distance avec une vitesse inouïe, fut bientôt mis en réquisition pour la télégraphie.

A une époque où l'on est habitué aux merveilles de la télégraphie électrique on pourra trouver étrange l'éloge de l'invention des *Claude Chappe*. La télégraphie aérienne imaginée par Chappe a pourtant réalisé un progrès considérable sur les moyens de communication employés jadis. Jusqu'en 1794, les marins profitaient seuls du langage des signaux et encore cette langue était-elle limitée à un nombre de phrases convenu d'avance. On raconte que Chappe, étant au

séminaire d'Angers pour y faire ses études
et se préparer à entrer dans les ordres, chercha un moyen de correspondre avec ses
frères, qui étaient dans un pensionnat à une
demi-lieue de la ville. Il imagina de placer
des espèces d'ailes aux deux bouts d'une rè-
gle, et de se servir de cet appareil pour former à volonté des signaux, au nombre de
192, qui se voyaient distinctement avec une
lunette d'approche. Ce système, perfectionné
par la multiplication des signaux, fut présenté par son auteur, le 22 mars 1792, à
l'Assemblée nationale. La proposition de
Chappe fut soumise à un examen approfondi;
enfin la Convention, après plusieurs essais
décisifs, décora Chappe du titre d'*ingénieur
télégraphe* et décida la création de la ligne
de Lille.

Cette ligne fut inaugurée par l'annonce
d'une victoire. Le 30 novembre 1794, Carnot
lut à la Convention une dépêche, transmise
par le télégraphe, ainsi conçue : « Condé
rendue à la République. Reddition avoir eu
lieu ce matin à 6 heures. » La Convention
répondit immédiatement que l'armée du
Nord avait bien mérité de la patrie! Quatorze
minutes seulement s'étaient écoulées entre
l'envoi de la nouvelle et la réponse. Cette
scène avait enthousiasmé l'Assemblée, et la
France entière battit des mains. Par la
suite, la rapidité de la transmission s'aug-

menta encore. De Paris à Toulon, la ligne aérienne comptait cent télégraphes, et la nouvelle parcourait 828 kilomètres en 20 minutes; de Brest (600 kilomètres) en 8 minutes. Ces résultats tenaient du prodige; malheureusement la nuit empêchait toute communication, et pendant l'hiver il en était souvent de même. Qui ne se rappelle la fameuse formule : « interrompue par le brouillard » ? On essaya bien de construire des télégraphes de nuit. MM. *Villalongue* et *Gonon* proposèrent des combinaisons où des lampes, placées suivant un ordre géométrique, devaient assurer le service télégraphique la nuit comme le jour ; mais ces tentatives, dont la dernière n'est que de 1844, sont sans valeur en présence du développement pris par la télégraphie électrique.

L'idée de transmettre des signaux à distance, au moyen de l'électricité, est presque contemporaine de la découverte de *Grey* relative à la propagation rapide du fluide électrique. Ainsi, le télégraphe électrique est l'aîné du télégraphe aérien, puisque les premiers essais en ce genre remontent à 1774.

Un savant de Genève, *Lesage*, avait imaginé de se servir de vingt-quatre fils représentant les vingt-quatre lettres de l'alphabet; une machine électrique ordinaire, placée à chaque extrémité de la ligne, communiquait le mouvement à chacun de ces fils, et la commotion se traduisait en indiquant à distance la lettre que l'opérateur entendait désigner. C'était l'enfance de l'art. D'ailleurs, la source d'électricité dont on disposait par le frottement n'était pas assez sûre pour qu'on pût faire quelque chose de sérieux. La découverte de la pile de Volta, qui constitue un foyer permanent d'électricité, changea l'état de la question, qui avait été étudiée par le docteur *Reiser* et *Franklin*.

En 1811, *Sommering*, physicien de Munich, eut le premier l'idée d'appliquer la pile à la transmission des dépêches. Son procédé présentait, néanmoins, dans la pratique, une foule de difficultés. Un physicien danois, *Oersted*, découvrit, en 1820, que l'action directrice d'un courant fixe s'exerce à distance sur une aiguille aimantée mobile. A peine cette idée fut-elle répandue, qu'*Ampère* proposa de correspondre au moyen d'aiguilles aimantées, au-dessus desquelles on dirigerait un courant, et en faisant usage d'autant de fils qu'il y a de lettres. « En mettant, disait-il, ces conducteurs en communication avec la pile, à l'aide de touches de clavier, qu'on abaisserait à volonté, on pourrait donner lieu à une correspondance télégraphique qui franchirait toutes les distances et serait aussi prompte que l'écriture ou la parole pour transmettre la pensée. » Cette

idée de combiner les effets de l'électricité et
du magnétisme, servit plus tard de base à la
télégraphie électrique, qui repose essentielle
ment sur l'émission d'un courant et sur l'ai
mantation intermittente d'un barreau de fer

Ce ne fut, toutefois, qu'après douze ou
treize ans que cette pensée reçut une appli
cation, et encore ne dépassa-t-elle pas la li
mite des expériences; *Schilling*, à Saint
Pétersbourg, organisa, en 1832, sur une pe
tite échelle, le système proposé par Ampère
A cette époque, l'établissement des lignes de
chemins de fer fit entrevoir la possibilité de
mettre les fils de correspondance à l'abri de
la malveillance et d'organiser le service sur
un long parcours. Ainsi le télégraphe élec
trique, qui est aujourd'hui si utile à la lo
comotion rapide, lui doit peut-être son pre
mier succès. Ces fils et ces barres métallique
qui courent parallèlement d'un bout à l'autr
de l'Europe ne sont-ils pas l'emblème de la
solidarité des sciences?

Cependant les appareils expérimentés exi
geaient un grand nombre de fils, deman
daient de grandes dépenses d'installation et
faisaient perdre beaucoup de temps aux opé
rateurs; toutes ces causes entravaient leu
réussite. *François Arago*, dont le nom seu
dispense de tout éloge, en répétant les expé
riences d'OErsted, découvrit que l'électricit
circulant autour d'une barre de fer dou

communique à cette barre les propriétés de l'aimant, c'est-à-dire qu'elle peut attirer d'autres morceaux de fer placés à portée et que, dès que le courant cesse, le fer revient dans son état naturel.

Le moyen d'agir mécaniquement à distance par l'électricité était trouvé. Il suffisait de combiner un mécanisme à l'aide duquel l'attraction dont est doué à volonté le barreau de fer pût être utilisée. Ce mouvement de va-et-vient produit instantanément et à des distances illimitées, fut donc transformé en mouvement circulaire. Voici en principe la combinaison sur laquelle repose le télégraphe électrique : une roue à rochet porte l'aiguille qui indique les lettres sur le cadran ; cette roue est mue par une ancre dont la fourchette est garnie d'une armature de fer doux qui est attirée lorsque le courant circule ; quand il cesse, un ressort ramène l'ancre. Chaque émission de courant fait donc passer une dent ou une lettre, et le repos de l'aiguille montre la lettre que l'opérateur éloigné a voulu désigner (1). En 1837, *Steinhel*, à Munich et *Wheatsone* à Londres construisirent les premiers télégraphes à aiguilles. Le système *Morse*, ou télégraphe écrivant, est un

(1) Cet appareil est celui qui sert à la démonstration des effets; dans la pratique il est modifié de diverses manières.

des plus complets de ceux en usage jusqu'à
ce jour. L'inventeur imagina, dit-on, cet instrument en 1838, pendant un voyage de France
aux Etats-Unis. Dans les télégraphes ordinaires, l'aiguille indique simplement les lettres et ne laisse aucune trace de son passage;
le télégraphe Morse a l'avantage de tracer
des signes sur un papier qui tourne régulièrement à l'aide d'un rouage d'horlogerie. Un
grand perfectionnemeut a été apporté depuis
peu aux appareils télégraphiques par le docteur *Hughes* professeur de physique à New-
York. Il consiste à imprimer directement le
télégramme en caractères d'imprimerie sur
un papier blanc qui se déroule à l'aide d'un
mécanisme marchant avec un poids. Les bandes imprimées se découpent ensuite, et,
comme elles sont gommées, il suffit de les
coller sur une feuille pour les expédier au
destinataire. Dans un autre système, celui de
M. *d'Arlincourt*, l'appareil se compose d'un
cadran où les lettres de l'alphabet, placées
sur des pistons, impriment en caractères
d'imprimerie une bande de papier à la sta-
tion destinataire, au fur et à mesure que le
doigt de l'expéditeur touche les lettres qui
doivent former le mot à transmettre. Dans
ces divers appareils, l'électricité n'est plus
employée, comme autrefois, à écrire la dépêche, mais seulement à débrayer ou à em-
brayer un rouage particulier, conduit par un

poids, qui frappe ou inscrit chaque lettre et chaque signe. Le plus faible courant peut dès lors être utilisé et dispense des piles de relais. On construit aussi des appareils *magnéto-électriques*; la pile y est remplacée par une bobine d'induction, qui agit par les actions combinées de l'aimant et de l'électricité. — Nous ne pouvons que signaler ce système, qui paraît appelé à un grand avenir, en renvoyant les lecteurs désireux de le connaître aux ouvrages spéciaux, car les phénomènes électriques demandent une étude particulière. On appréciera, au reste, les services que rend cette science nouvelle lorsqu'on saura qu'en France, depuis trois ans, le nombre des dépêches a triplé. Pour le service de l'intérieur, 1,943,000 dépêches ont été échangées entre Paris et les départements en 1865; de Paris pour Paris, l'accroissement a été prodigieux, par suite de l'abaissement de la taxe. Au commencement de 1864, on n'expédiait que 700 dépêches *par jour*; en décembre 1865, on en comptait 23,000; au mois d'avril suivant (1866), les télégrammes quotidiens atteignaient le chiffre fabuleux de 30,000. Un pareil résultat dispense de tout commentaire!

Après cette énumération des progrès accomplis dans la télégraphie, on pourrait croire qu'il n'y a plus rien à faire dans cette voie. M. *Caselli* a prouvé dernièrement que l'on pouvait franchir ces limites et croire à l'impossible. A l'aide du *pantographe*, ce n'est plus une simple dépêche que l'on reçoit, mais un véritable autographe; l'écriture, la signature de l'expéditeur, une figure quelconque, tracées à 200 ou 300 lieues de distance, sont exactement reproduites par ce nouveau télégraphe. Ce système est fondé sur le synchronisme des oscillations de deux *pendules* en marche aux deux extrémités de la ligne télégraphique. Les lentilles de ces pendules portent des pointes qui parcourent successivement et dans des temps égaux toute la surface de deux feuilles préparées, dont l'une, celle du départ, porte les caractères à transmettre, tandis que l'autre, celle de l'arrivée, est disposée pour les recevoir. Les deux feuilles avancent mécaniquement à chaque oscillation des pendules. On conçoit maintenant que si l'encre dont l'expéditeur se sert pour écrire sa dépêche a la propriété d'interrompre le courant qui passe par les pointes, ces alternatives peuvent se traduire au bureau d'arrivée par un effet chimique et reproduire scrupuleusement les caractères que l'on veut transmettre. La difficulté était de faire fonctionner automatiquement les deux appareils avec une rigoureuse exactitude. M. Caselli y est parvenu en remplaçant les deux employés par deux *pendules*. C'est une application que Galilée n'avait pu prévoir lorsqu'il découvrit les propriétés isochrones des corps oscillants.

Quel que soit le système employé, la transmission du courant électrique a toujours lieu par des fils isolés au-dessus du sol ou enfouis dans la terre avec une enveloppe de gutta-percha. Le 1er novembre 1852 a été inauguré le *télégraphe sous-marin*, qui met l'Angleterre en communication directe avec le continent ; Douvres et Ostende furent reliés le 5 mai 1853, et en 1855 l'Europe et l'Afrique ont été réunies par un câble télégraphique qui part de France, passe par la Corse et la Sardaigne pour aboutir aux environs de Bone en Algérie. Ce câble a 177 kilomètres de longueur et pèse 812,000 kilogrammes. Enfin, le 15 août 1865, M. *Ferdinand de Lesseps*, l'infatigable promoteur du percement de l'isthme de Suez, a pu envoyer d'Egypte à l'Empereur une dépêche annonçant l'ouverture de la communication entre la mer Rouge et la Méditerranée par le canal d'eau douce, et recevoir la réponse en quelques heures. Mais ces entreprises considérables ne sont rien auprès des essais faits pour réaliser la *télégraphie transatlantique !* Une première tentative eut lieu en 1858. On réussit d'abord à immerger sans accidents le câble entre l'Irlande et Terre-Neuve, opération longue et difficile, car les sept fils de cuivre

tordus ensemble qui le compose, n'avaient pas
moins de 800 lieues de longueur. Malheureusement tant de peines et de frais furent inutiles.
La transmission cessa de s'effectuer après quelques dépêches échangées entre le président
des Etats-Unis et la reine Victoria. On suppose que le câble n'a pu résister à la pression énorme de l'eau, car il est échoué sur
une grande étendue à des profondeurs de
3,000 mètres au-dessous du niveau de la mer;
ou bien que la gutta-percha, qui forme l'enveloppe isolante, s'est désorganisée et n'a pu
préserver le métal. Dernièrement une nouvelle tentative a eu lieu, mais le câble s'est
rompu pendant l'immersion ; malgré ces
échecs successifs, on ne renonce pas à l'es-
poir d'une communication électrique entre
l'Ancien et le Nouveau-Monde. La difficulté
est tout entière dans l'installation du câble,
puisque l'expérience prouve que l'on peut
construire une pile assez énergique pour que
le fluide s'élance sans interruption d'une extrémité à l'autre d'une ligne de 3,000 kilomètres. En effet, le fil qui transmet les dépêches de New-York à la Nouvelle-Orléans, par
Charlestown, Savannah et Mobile, n'a pas
moins de 3,164 kilomètres. Au reste, la
communication cherchée à travers l'Atlantique s'établira peut-être d'un autre côté; il est
question d'un service télégraphique qui, du
nord de la Russie, passerait par la Sibérie, et

viendrait rejoindre l'Amérique en franchis-
sant le détroit de Behring. La télégraphie
électrique n'a pas dit son dernier mot; elle
peut prendre le plus long sans se retarder. La
vitesse des courants électriques, dans un fil
de cuivre, est de 177,700 kilomètres, ou
44,425 lieues par seconde, avec un fil de fer
elle est *seulement* de 101,700 kilomètres, ou
25,425 lieues. Que les nouvelles d'Amérique
nous parviennent par l'Asie ou par l'Atlantique, nos relations n'en souffriront guère.

Une autre application de la pile électrique,
et dont on s'est, au début, exagéré l'importance, a été faite aux horloges. Nous voulons
parler de la transmission électrique de
l'heure marquée par une horloge-type aux
différents cadrans d'une même ville, ou à
tous ceux d'une ligne de chemin de fer. On
comprend que rien n'est plus simple à établir, et qu'il est aussi facile d'agir à distance
sur les aiguilles d'une horloge que sur l'aiguille d'un télégraphe. Toutefois, les avantages ne sont pas aussi positifs qu'on pourrait le croire. Les phénomènes atmosphériques
troublent souvent les fonctions des appareils
télégraphiques; en temps d'orage, il est prudent de suspendre le service. La mesure du
temps se prête mal à ces interruptions, et les
perturbations qui affolent quelquefois les aiguilles des télégraphes ne passeraient pas ina-

perçues dans les horloges. Le rêve de *Charles-Quint*, au couvent de Saint-Just, n'est donc pas tout à fait réalisé. Le premier essai du transport de l'heure remonte à 1839. M. *Steinheil* en fit l'expérience à Munich. En 1840, M. Bain alla plus loin : il voulut supprimer le mouvement ordinaire des horloges, ne conserver que l'échappement et le pendule, et substituer au poids et au rouage un électro-aimant; ce système est à peu près abandonné. On paraît s'en tenir aujourd'hui à la simple remise à l'heure des horloges par l'électricité, combinaison fort heureuse, imaginée par M. Louis Bréguet (1).

Nous ne parlerons des *sonneries électriques* que pour mémoire; elles ne sont qu'une variété des effets produits par le télégraphe électrique.

Les effets chimiques obtenus à l'aide de la pile sont aussi surprenants que les effets mécaniques ; ils ont donné naissance à un art nouveau, la Galvanoplastie. On n'avait autrefois que peu de moyens de reproduire une foule d'objets artistiques, comme des statuettes, des planches gravées, des médailles :

---

(1) Voir, pour les détails concernant l'horlogerie, le travail que nous avons publié dans la collection de la Bibliothèque utile, intitulé Mécanique appliquée, *horloges, montres et chronomètres*.

il fallait employer le ciseau où la fonte. La
galvanoplastie permet de dissoudre l'or, l'argent, le cuivre, en un mot tous les métaux
simples, de les précipiter en couche conti-
nue dans un moule, ou de recouvrir les objets eux-mêmes, de manière que cette couche
en reproduise exactement les détails les plus
minut'eux. Fondre, dorer, cuivrer ou argen-
ter, voilà ce que fait la pile. Comment s'accomplit ce miracle? Nos lecteurs pourront
l'apprendre dans le second volume de *Physique* de cette collection, car nos explications feraient double emploi avec celles de
notre collaborateur, M. Francolin.

Les inventeurs de la galvanoplastie sont
MM. *Spencer* et *Jacobi*, qui, en 1838, le premier en Angleterre, le second en Russie, firent simultanément la découverte de cette
précieuse propriété de la pile électrique.
M. Spencer pensa aussitôt à faire servir sa
découverte à la reproduction des caractères
d'imprimerie et des médailles. L'art de la typographie en a fait d'intéressantes applications. On sait qu'une planche gravée (bois,
cuivre ou acier) s'use rapidement au tirage ;
en la reproduisant presque sans frais par la
galvanoplastie, on multiplie les *clichés*, de
manière à tirer autant d'épreuves qu'on en a
besoin.

De la galvanoplastie à la dorure et à l'argenture électrique, il n'y a, en quelque sorte,

qu'une différence de procédé. M. de La Rive
indiqua le premier cette application du pouvoir de l'électricité que réalisèrent industriellement MM. Elkington et Ruolz en 1841.
La découverte de la *dorure* et de *l'argenture
à la pile*, en permettant de renoncer à l'emploi du mercure pour ces opérations, a rendu un inappréciable service à l'humanité,
car les ouvriers employés dans cette industrie contractaient de graves maladies par l'in-
halation des vapeurs mercurielles.

Nous aurons encore à reparler de l'électricité à l'occasion de l'éclairage, mais nous si-
gnalerons dès à présent les beaux travaux
de M. *Becquerel* sur cette science nouvelle
et déjà si féconde. Au reste, les récom-
penses n'ont pas manqué aux inventeurs.
M. *Morse* a reçu depuis peu un prix de
100,000 francs du gouvernement français,
l'abbé *Caselli* s'est vu largement encouragé,
et M. *Rumkorff* a obtenu en 1865 le grand
prix de 50,000 francs pour son appareil d'induction.

Dans le chapitre consacré aux MOTEURS,
nous n'avons fait qu'indiquer la *machine
électromotrice*, c'est-à-dire la machine spéciale qui sert d'intermédiaire entre l'électro-
aimant, source de force, et les mécanismes
qu'il doit faire mouvoir. C'est *Froment*, l'habile mécanicien mort l'année dernière, qui a
construit la plus forte machine de ce genre :

elle avait la force d'un cheval-vapeur. Le
nom de Froment est associé à tous les travaux scientifiques de ce temps. Il a coopéré
aux belles expériences de M. *Foucault* et a
étudié avec les inventeurs le métier *Bonelli*,
le télégraphe *Hughues* et le pantographe *Caselli*. Nous insistons sur ces faits afin de montrer une fois de plus que, pour le rapide avaa-
cement des sciences appliquées, l'union de
la théorie et de la pratique est indispensable.

CHAPITRE IV

—

L'IMPRIMERIE ET DIVERS PROCÉDÉS ARTISTIQUES ET INDUSTRIELS.

La Typographie. — La Gravure. — La Lithographie. —La Photographie.— Le Stéréoscope.— Le Papier.

L'invention de l'imprimerie, qui permet de répandre et de propager toutes les autres, est une des plus précieuses conquêtes de l'esprit humain. Si cet art eût été connu des anciens, il est probable que l'intelligence des races latines aurait secoué plus tôt la torpeur qui suivit l'invasion des barbares. Combien de faits ont été altérés par la tradition, ou ne sont pas parvenus à notre connaissance, qui eussent servi la cause du progrès et de la civilisation! Par l'imprimerie, l'homme prend possession de l'avenir ; il transmet sa pensée à travers l'espace et le temps. Avec elle, le flambeau de la vérité peut pâlir, mais il n'est jamais éteint. Le livre, en multipliant à l'infini l'action de la pensée, en répandant les enseignements de l'expérience, élève partout le niveau intellectuel, et l'on ne peut plus craindre la destruction de la source féconde à laquelle ont puisé les plus grands génies dont s'honore le monde. L'importance de ces résultats place *Gutenberg* parmi les bienfaiteurs de l'humanité. C'est à lui en effet que l'on doit l'invention de la typographie.

Il est étrange qu'avant Gutenberg on n'ait pas pensé à remplacer les manuscrits par la multiplication de l'écriture au moyen de caractères mobiles. Les Chinois, assure-t-on, connaissaient l'impression par planches trois cents ans avant Jésus-Christ ; les Egyptiens, les Grecs et les Romains gravaient en relief des lettres, des chiffres et des légendes, dans le sens inverse, qu'ils imprimaient à chaud ou à froid sur différents objets. Les Egyptiens, les Phéniciens et les Babyloniens excellaient surtout dans l'art de graver les pierres. Les *intailles*, gravées en creux, que l'on peut voir au musée Campana, servaient évidemment de sceau et de signature. Dans les familles romaines, la femme était dépositaire du cachet particulier de la maison, et lorsque l'usage des bijoux d'or fut interdit aux chrétiens, on leur permit cependant celui des bagues à cachet. Des passages de Quintilien et de saint Gérôme prouvent, en outre, que l'on apprenait jadis à lire aux enfants avec des lettres figurées en ivoire et qu'on leur enseignait aussi à écrire avec des pages entières découpées à jour. Il paraîtrait même que *Charlemagne*, et les rois ses successeurs

immédiats, formaient les traits de leur mo-
nogramme en conduisant la plume dans toutes les ouvertures taillées dans la lame ou ta-
blette appliquée sur l'acte qu'ils voulaient si-
gner. Les procédés de la gravure ont donc de-
vancé la typographie. Les graveurs de médailles, nombreux en Italie, reproduisaient les
traits et les dessins en relief en les imprimant
sur les manuscrits que l'on admirait 259 ans
après la fondation de Rome. On se servit
plus tard de patrons découpés pour confectionner les cartes à jouer, qui sont, malgré la
tradition, antérieures à Charles VI, ainsi que
l'établit un roman de 1328, où il en est fait
mention. Ce fut vers 1400 qu'on imagina de
graver des pièces de bois en relief pour l'impression des cartes. Enfin on retrouve des
éditions *xylographiques* (impression faite
avec des caractères de bois) qui datent de la
première moitié du quinzième siècle. *Lau-
rent Coster*, de Harlem, en Hollande, qui vécut
de 1370 à 1439, était renommé pour l'exécution de ces images sur bois. Peut-être Gutenberg aura-t-il eu l'idée de joindre un
texte à quelques-uns des exemplaires des col-
lections xylographiques, ce qui aura donné
naissance aux bruits calomnieux qui l'accu-
sent de s'être emparé d'une découverte ap-
partenant à l'éditeur hollandais ?

Quoi qu'il en soit, jamais invention ne
vint plus à propos. Les Turcs avaient déjà

brûlé un nombre considérable d'écrits anciens, et l'on peut croire que les dévots
proscripteurs, qui livrèrent au bûcher tant
d'hommes et de livres, n'auraient pas épar-
gné les quelques copies manuscrites qui seraient tombées entre leurs mains. Les brutes
superstitieuses qui brûlaient des créatures
humaines avec des animaux accusés de sorcellerie ne se seraient guère inquiétées de la
nature des ouvrages, et les travaux de l'antiquité eussent été à jamais perdus.

Le lieu de la naissance de JEAN GUTENBERG,
le père de l'imprimerie, n'est pas très-au-
thentique, les uns désignent Strasbourg, les
autres Mayence; il en est de même pour l'é-
poque précise où il vint au monde : 1398,
1400 et 1409 sont les dates que nous rele-
vons; enfin le nom du célèbre inventeur
donne matière à contestation. On dit que son
nom de famille est *Gensefleisch* et que celui
de Gutenberg sous lequel il est connu se
rapporte à une propriété domaniale. On a
peu de détails sérieux sur sa jeunesse.
M. Ambroise-Firmin Didot, dans un article
fort étendu de l'*Encyclopédie moderne*, dit
que Gutenberg, entraîné par son esprit inventif et dérogeant à sa noblesse, s'occupa
avec un nommé *André Dritzehen*, bourgeois
de Strasbourg, descendant également d'une
famille noble, mais déchue, à tailler des
pierres précieuses, à polir des miroirs et à

poursuivre « des secrets qui excitent la curiosité de tous. » Il forma plus tard une association avec *André Dritzehen*, son frère, *Heilman* et *Jean Riffe* pour l'exploitation d'un secret dont les résultats, destinés à la grande foire, lors du pèlerinage d'Aix-la-Chapelle, en 1440, devaient être très-avantageux. Ce secret était l'art de composer avec des caractères mobiles des livres imprimés, que l'on vendait ensuite comme des manuscrits. Les associés avaient peur d'être accusés de sorcellerie. La Société ne réussit pas par manque de ressources peut-être ? Elle fut dissoute par la mort de Dritzehen, et, après un procès qu'il perdit, Gutenberg vint s'établir à Mayence, où il s'associa avec un riche orfèvre nommé *Faust*. Il paraît que ce dernier aida Gutenberg de ses capitaux et de ses conseils pour la fonte de ses caractères. En 1452, il s'adjoignirent *Pierre Schœffer*, habile calligraphe et graveur expérimenté, qui devint le gendre de Faust. « Cet homme pénétrant, dit Arnal de Bergel, inventa les moules auxquels la postérité donna le nom de matrices. Il fut le premier qui fondit dans l'airain ces signes de la parole, les lettres, que l'on pouvait réunir en combinaisons indéfinies. » Des discussions s'élevèrent bientôt et la dissolution de la Société eut lieu le 6 novembre 1455. Pierre Schœffer et Faust cherchèrent à faire oublier Gutenberg, mais *Jean Schœffer*,

fils de Pierre Schœffer et petit-fils de Faust,
a reconnu formellement les titres de l'inventeur. Dans sa dédicace à l'empereur Maximi-
lien, en tête du *Tite-Live*, traduit en allemand
et imprimé par Jean Schœffer, celui-ci dé-
clare « que c'est à Mayence que l'art admirable de la typographie a été inventé par
l'ingénieux Jean Gutenberg, l'an 1450, et
postérieurement amélioré et propagé pour la
postérité par les capitaux et les travaux de
Jean Faust et de Pierre Schœffer. » Ce qui a
pu longtemps faire mettre en doute la part
considérable que Gutenberg a prise dans l'invention de l'imprimerie, c'est qu'aucun livre
imprimé ne porte son nom. Peut-être le pauvre inventeur a-t-il subi la loi de ses riches
associés ? La vérité est qu'en 1465 Gutenberg
manquait de pain. Il fut recueilli par le prince
archevêque Adolphe de Mayence, et, après sa
mort, arrivée en février 1468, ses instruments
et son matériel passèrent entre les mains du
docteur *Conrad Homéry*, qui s'engageait par
acte à « imprimer à Mayence seulement et
nulle part ailleurs. »

Nous ne suivrons pas les anciens associés
de Gutenberg dans leurs entreprises ; les livres imprimés, recherchés d'abord comme
des curiosités, ne tardèrent pas à se multiplier en Europe. Des imprimeries furent établies à Strasbourg, à Rome, à Venise ; le premier livre imprimé en France porte la date

de 1470, et en Angleterre celle de 1474.
Dans les commencements, les princes encou-
ragèrent les imprimeurs allemands et les attirèrent dans leurs Etats. Cette mansuétude
dura peu. Les autorités ecclésiastiques sévi-
rent les premières. Dès 1486, Berthold, archevêque de Mayence, ordonna de n'imprimer
aucun livre sans l'approbation préalable des
docteurs ; en 1515, à la dixième séance du
concile de Latran, le pape Léon X défendit,
sous peine d'excommunication, d'imprimer
aucun ouvrage avant qu'il eût été approuvé
par le vicaire de Sa Sainteté à Rome, ou par
l'évêque de chaque diocèse.

L'exposé des motifs de l'archevêque de
Mayence est curieux à plus d'un titre ; on y
lit :

« Bien que l'art divin de l'imprimerie faci-
lite et rende accessible l'usage des livres de
toute science utile à l'instruction des hommes, nous avons reconnu que, par avidité
d'une vaine gloire ou d'argent, plusieurs ont
abusé de cet art; en sorte que ce qui fut
donné pour éclairer l'humanité tend à la per-
vertir. Ainsi, pour avilir la religion, nous
avons vu dans les mains du peuple des écrits
religieux traduits du latin en allemand. Que
dirons-nous des lois sacrées et des canons,
qui, bien que rédigés avec l'attention la plus
soutenue, par des hommes dont l'éloquence
égalait le savoir, offrent cependant, par la

profondeur des sciences qu'ils traitent, de
telles difficultés, que la durée de la vie humaine suffit à peine aux plus hautes intelli-
gences pour les posséder? Cependant des
personnes ignorant ces matières ont osé en
faire dans la langue vulgaire des traductions
que les docteurs déclarent inintelligibles, par
l'abus et l'impropriété des mots... Je crains
fort qu'elles n'altèrent le sens de la vérité,
d'où résulte un immense danger pour les
Saintes Ecritures. Qui voudrait laisser aux
hommes peu ou point instruits et aux femmes
à chercher d'en pénétrer les vérités dans de
pareilles traductions? Laissez, par exemple,
examiner le texte des Evangiles ou des épî-
tres de saint Paul, et tout homme instruit
sera convaincu que bien des choses ont besoin d'être suppléées par d'autres écrits... En
conséquence, dans le but de prévenir et de
réformer les erreurs que nous avons signalées et les entreprises téméraires des effrontés
et des pervers, autant que Dieu, dont nous
prenons la défense, nous en a donné le pouvoir, ordonnons, etc.... Qu'on sache donc que
quiconque, au mépris de cette instruction,
prêterait conseil ou assistance directement
ou indirectement en opposition avec notre
Mandement, sera par ce fait frappé d'excommunication; ses livres mis en vente seront
confisqués, et il payera à notre trésorerie
une amende de 100 florins d'or. »

A la suite de cette ordonnance se trouvent
les instructions des censeurs, afin qu'ils sa-

chent faire « une œuvre agréable à Dieu et
utile à l'Etat. » Si l'on se rappelle la date de
ce document, 4 janvier 1486, on voit qu'il y
avait à peine trente ans que l'imprimerie
était inventée. Cela promettait pour l'avenir!
Au reste, le premier traducteur de la Bible
en anglais , *Tyndall*, fut étranglé et brûlé
le 2 septembre 1536. Le 3 août 1546, par dé-
cision de la Faculté de théologie de Paris,
Etienne Dolet, célèbre imprimeur de Lyon,
fut brûlé vif en la place Maubert, à Paris, pour
avoir propagé des livres dangereux. « Dans le
cas, portait l'arrêt, où ledit Dolet fera aucun scandale ou dira aucun blasphême, la
langue lui sera coupée, et il sera brûlé vif. »

Mais laissons ces infamies! sans quoi il
nous faudrait rapporter bien d'autres arrêts,
rendus en exécution des ordonnances de
François Ier, ce prétendu protecteur des lettres, ou des lettres patentes de Charles IX,
par lesquelles il était défendu aux imprimeurs
d'imprimer sans permission « sous peine
d'estre pendus et étranglez. » (10 septembre
1563.)

Les imprimeurs les plus célèbres sont : les
Alde, de Venise (1488 à 1580); les *Elzévirs*,
de Leyde (1618 à 1652); *Baskerville*, en An-
gletèrre, mort en 1775; en France, les *Es-
tienne* (1503 à 1629); les *Didot*, à Paris, et
Louis *Perrin*, à Lyon, mort depuis peu. On
cite, comme un rapprochement singulier,

Louis XV imprimant de ses royales mains les ouvrages du docteur Quesnay, le chef de l'école des physiocrates, le précurseur des économistes qui devaient porter de si rudes coups au pouvoir absolu.

On s'est servi, jusqu'en 1790, de la presse à bras. A cette époque, l'Anglais *Nicholson* inventa la presse mécanique, à laquelle la machine à vapeur vint prêter son aide infatigable. Les perfectionnements introduits permettent aujourd'hui d'obtenir en très-peu de temps un nombre prodigieux de feuilles imprimées. On a publié souvent le tirage des journaux anglais; qu'il nous suffise d'ajouter que les cinq machines employées à l'impression du *Moniteur du soir* fournissent une moyenne de 140,000 exemplaires en moins de trois heures.

Il est inutile de revenir sur ce que nous avons dit à propos de la gravure des cachets, des plaques métalliques et de la gravure en relief. La possibilité d'obtenir des empreintes de cette manière était connue depuis très longtemps, mais la reproduction d'un dessin sur le papier est moderne; on l'attribue au Florentin *Maso Finiguerra*, en 1452. *Marc-Antoine Raimondi* perfectionna les procédés. On se servit d'abord de planches d'étain, puis de cuivre, afin de pouvoir tirer un plus grand nombre d'*estampes*; on

emploie généralement des planches d'acier
quand on veut dépasser trois mille épreuves.
Lorsqu'il s'agit de figures qui doivent être
intercalées dans le texte d'une feuille d'impression, et par conséquent passer sous la
presse mécanique, on grave en relief au lieu
de graver en creux. La gravure en relief, ou
en *taille d'épargne*, se pratique sur du buis;
cependant on l'exécute aussi sur les métaux
pour former des estampilles. La galvanoplastie remplace aujourd'hui presque partout les
gravures sur bois dans le tirage typographique; avec un premier type, fourni par l'artiste, on cliche le dessin à la pile, et ce n'est
plus qu'un complément du matériel de l'imprimerie. Dans ce qui précède, il est bien
entendu que nous ne traitons pas la question
au point de vue artistique, mais seulement
dans ses rapports avec l'industrie.

Au moyen de la planche gravée, on obte-
nait la reproduction d'un dessin, de manière
à en multiplier les exemplaires; néanmoins
une lacune restait à combler : il fallait que
le dessin même de l'artiste pût être repro-
duit nettement et sans avoir recours au bu-
rin ou à l'acide. ALOYS SENEFELDER, né à
Prague, en 1771, est l'inventeur du procédé
qui, sous le nom de *lithographie*, remplit
ces conditions. Fils de pauvres comédiens,
Senefelder fut d'abord auteur dramatique ; il

eut peu de succès, s'engagea parmi les ac-
teurs du théâtre de Munich, et finit par en
être réduit à copier et à graver de la musique pour vivre. Afin d'abréger son travail
et de le rendre plus productif, l'intelligent
copiste s'ingénia à substituer la pierre à la
planche de cuivre, sur laquelle, par une re-
cette particulière, il traçait les notes avant
de faire mordre le métal par l'acide qui leur
donnait du relief. Une sorte de calcaire commun dans les environs de Munich lui paraissait, en raison de son grain serré, propre à
cet usage. Il faisait donc force expériences,
lorsque le hasard le mit sur la voie. Pressé
de prendre un renseignement, et n'ayant pas
de papier sous la main, il écrivit sur une
pierre qui servait à ses essais avec l'encre
grasse qu'il employait sur ses planches de
cuivre. En essayant plus tard de faire disparaître son écriture, il observa que cette
encre adhérait si fortement à la pierre qu'il
fallait user du grattoir pour l'enlever ; que,
de plus, l'acide même n'attaquait que les
parties de la pierre non recouvertes de subs-
tance grasse, tandis que l'encre d'imprimerie s'attachait spécialement aux caractères
qu'il avait formés. Le chercheur, en se ren-
dant compte de ces faits, découvrit la lithographie, qui est basée sur les affinités chimiques. En continuant ses expériences sur
une pierre dite de Solenhaufen, calcaire très-

dur susceptible d'un beau poli, Senefelder
traça avec un crayon gras les traits qu'il
voulait reproduire ; il versa ensuite de l'eau
forte étendue d'eau sur cette pierre afin de
rendre les autres parties de sa surface ré-
fractaires à l'encre d'imprimerie ; puis, passant sur cette planche d'une nouvelle espèce
un rouleau chargé de matière noire et grasse,
il étendit sur elle une feuille de papier, mit
sous presse et obtint une épreuve satisfaisante
de son dessin primitif. Encouragé par cette
réussite, Senefelder travailla sans relâche à
adapter le matériel typographique à sa
découverte, et en 1799 l'industrie lithographique était pourvue de tout son outillage.
Cet art se répandit aussitôt en Allemagne et
en Angleterre. Un amateur éclairé, le comte
de Lasteyrie, fonda, en 1814, à Paris, la première imprimerie lithographique. Senefelder,
plus heureux que la plupart des inventeurs,
recueillit les fruits de sa découverte. Le roi
de Bavière le nomma directeur de l'Institut
lithographique ; cette position assurée lui
permit de perfectionner son œuvre et de
trouver les moyens d'imprimer en diverses
couleurs. Cette branche de l'art lithographique se développa dans les ateliers d'*En-
gelmann*, de Mulhouse, sous le nom de *Chro-
molithographie* ou *Lithochromie*. Senefelder
mourut en 1834.

Quelques années plus tard, une invention nouvelle amenait une révolution complète dans les procédés que la science met à la disposition des beaux-arts. C'était la *photographie*. Cette application merveilleuse de l'action chimique de la lumière solaire est due à deux hommes d'un mérite égal, mais que l'opinion publique ne traite pas avec la même équité. Tout le monde sait le nom de DAGUERRE, l'heureux inventeur ; peu de personnes connaissent celui de JOSEPH NIÈPCE. Ce dernier est mort en 1833, sans avoir vu triompher la découverte à laquelle il avait sacrifié une partie de sa fortune et consacré vingt ans de sa vie. Espérons que la postérité sera plus juste et qu'elle ne séparera pas le nom de Nièpce de celui de Daguerre.

Lorsqu'on voit les images de la chambre obscure fixées aujourd'hui sur le papier, on se demande par quelle mystérieuse intuition es secrets dont l'avenir tenait la solution en réserve, les inventeurs de la photographie ont pu seulement concevoir la pensée d'un pareil résultat. Cependant, lorsqu'on suit la marche progressive de leurs essais, on n'admire pas moins leur sagacité et la profondeur de leurs recherches, mais le merveilleux disparaît ; on s'explique, tout en les admirant, les procédés de la découverte. Joseph Nièpce était un chercheur. Demi-savant, demi-praticien, son esprit était depuis longtemps dirigé vers les applications pratiques de la science. Il en savait juste assez pour s'aider des théories générales, et il était assez ignorant pour ne pas craindre de se heurter à des problèmes que les docteurs déclaraient insolubles. L'importation de la lithographie en France avait attiré son attention, comme elle attirait celle des industriels et des artistes ; il essaya d'abord de remplacer les pierres lithographiques, d'un prix assez élevé, par des plaques de métal poli.

C'est là le point de départ de ses recherches sur l'emploi de la lumière à la reproduction des dessins. Il s'appliqua à reproduire des gravures, en utilisant les propriétés connues du bitume de Judée, qui blanchit exposé à la lumière, et celles des composés d'argent, lesquels au contraire, noircissent dans les même conditions. Ses copies *photogéniques*, assez bien réussies, donnèrent à Nièpce l'idée de reproduire les images fugitives de la chambre noire, appareil qui, on le sait, réfléchit, à l'aide d'un miroir, sur une glace dépolie, les objets extérieurs perçus à travers une lentille convergente. L'idée était féconde, puisque toute la photographie repose sur elle, néanmoins l'inventeur se trouvait arrêté par une difficulté presque insurmontable. Les substances dont il se servait n'étaient pas assez impressionnables à la lumière. La moindre reproduction exigeait huit ou dix heures d'exposition, et pendant ce temps le soleil se déplaçait, éclairait autrement les objets et, changeant les clairs en ombre, produisait, au lieu des formes nettement dessinées sur la plaque, des images confuses. Un moment découragé, Nièpce ne songeait plus qu'à tirer parti de sa découverte en la restreignant à la gravure, lorsque Daguerre, qui s'occupait à Paris d'*héliographie*, c'est-à-dire de l'art de fixer les rayons solaires, fut, en 1826, mis en relation avec le modeste inventeur de Châlon-sur-Saône. Daguerre jouissait déjà à cette époque d'une certaine célébrité. Connu par de magnifiques décorations de théâtre et par l'établissement du *Diorama*, ce peintre habile était familier avec tous les effets de la lumière, qu'il avait étudiés avec l'amour d'un artiste et l'observation réfléchie d'un praticien. A la suite d'un traité passé le 14 décembre 1829, Nièpce communiqua à Daguerre ses procédés photographiques. Une fois initié, celui-ci s'efforça de les perfectionner ; aux substances résineuses employées jusqu'alors par Nièpce, Daguerre substitua l'iode, qui donne aux plaques une plus grande sensibilité lumineuse ; par ce moyen, on diminuait de beaucoup le temps exigé pour l'action chimique de la lumière. Les deux associés approchaient du but lorsque mourut Nièpce, à l'âge de 63 ans.

Daguerre continua seul ses recherches ;

enfin, François Arago, dans la séance de l'Académie des sciences du 7 janvier 1839, put faire l'annonce publique de l'une des plus grandes découvertes du siècle. Daguerre était parvenu à créer, en quatre ou cinq minutes, par la puissance de la lumière, des dessins où les objets conservaient mathématiquement leurs formes jusque dans leurs plus petits détails, où les effets de la perspective linéaire et la dégradation des tons provenant de la perspective aérienne étaient accusés avec une délicatesse inconnue jusqu'alors.

L'impression produite par cette découverte, qui tenait du prodige, fut immense dans le monde. A la suite des rapports présentés par Arago à la Chambre des députés, et par Gay-Lussac à la Chambre des pairs, un projet de loi fut adopté qui accordait, à titre de récompense nationale, une pension de 6,000 francs à Daguerre et une pension de 4,000 francs à M. Nièpce fils. — C'était peu pour une aussi admirable découverte ! Les choses utiles aux progrès des sciences ont-elles donc moins de valeur que les services rendus à la guerre ?

Cependant les épreuves daguerriennes laissaient encore beaucoup à désirer, lorsque M. *Claudet*, artiste français, domicilié à Londres, découvrit, en 1841, les propriété des *substances accélératrices*. M. *Fizeau* trouva ensuite le moyen de fixer les épreuves, qui s'altéraient à la lumière. L'opticien Ch. Chevalier imagina, peu après, de faire concourir la galvanoplastie, art tout nouveau, à la reproduction des images photographiques. On obtint ainsi de véritables planches gravées par le soleil, qui, à l'aide de quelques préparations, purent subir le travail de l'impression. Enfin, en 1841, un riche amateur anglais, M. *Talbot*, remplaça les plaques métalliques par un papier préparé.

Depuis, ce procédé a reçu de notables améliorations et le daguerréotype, ou photographie sur métal, a cédé la place à la photographie sur verre, proposée en 1847 par M. *Nièpce Saint-Victor*, qui donne un cliché avec lequel on tire sur papier un nombre très-considérable d'exemplaires.

L'emploi du collodion (dissolution de coton-poudre dans l'alcool et l'éther) est venu, en 1851, permettre, par sa plus grande sensibilité lumineuse, de fixer des images en mouvement et de compléter la précieuse découverte de Nièpce et de Daguerre. C'est à MM. *Archer*, de Londres, et *Le Gray*, de Paris, qu'appartient ce dernier perfectionnement. — Daguerre est mort en 1851.

Le STÉRÉOSCOPE est un instrument qui semble n'avoir été combiné qu'après le daguerréotype ; son apparition date cependant de 1838, un an avant que les secrets de la pho-

tographie fussent divulgués. Les anciens n'i-
gnoraient pas d'ailleurs un certain phénomène de la vision qui permet d'apercevoir
comme en relief deux objets à peu près sem-
blables, figurés sur une surface plane, mais
à des angles différents. Un physicien anglais,
M. *Wheatstone*, construisit, à la date que
nous venons d'indiquer, le premier appareil
destiné à reproduire cet effet. *Sir David
Brewster* reprit cette idée en 1850, et le daguerréotype aida beaucoup à la propagation
du stéréoscope, que nous signalons parce qu'il
ajoute un complément agréable aux avantages offerts par la photographie.

Avant de terminer ce chapitre sur les arts
relatifs à la reproduction de l'écriture et des
dessins, nous rappellerons que les anciens
ne se servaient que de *papyrus* pour consi-
gner leurs écrits. Cette matière ligneuse
provenait d'un arbre qui croissait en abon-
dance sur les bords du Nil. On l'employait
encore presque partout au cinquième siècle,
et l'usage s'en perpétua en Italie jusqu'au
onzième siècle. Le *parchemin*, fabriqué
avec de la peau de jeune veau, fut inventé, à
Pergame, dans l'Asie-Mineure; il s'introduisit
à Rome du temps de Cicéron, et en France
vers le sixième siècle; mais c'est en Orient
que l'on a préparé pour la première fois du
papier proprement dit. Les Chinois et les Ja-

ponais fabriquèrent du papier avec de la soie et de la paille de riz, à une époque très-lointaine. Les premiers essais faits en Europe sont dus aux Arabes du royaume de Valence, en Espagne, au dixième siècle. L'industrie du papier de chiffons n'est que du douzième; enfin les premières papeteries s'établirent en France vers 1312 et en Angleterre vers 1388. La découverte de l'imprimerie donna un grand essor à l'industrie du papier. Jusqu'en 1798, le papier se fabriquait en partie à bras, ce qui, en raison du nombre d'ouvriers occupés aux différentes manipulations, maintenait l'élévation des prix. Un contre-maître de la papeterie d'Essonne, nommé *Louis Robert*, imagina alors une série d'appareils propres à produire le *papier à la mécanique*, et l'industrie est maintenant en possession d'une machine qui produit le papier continu. La fabrication du papier à la main est actuellement restreinte aux papiers spéciaux et d'une qualité supérieure. Le papier de *soie* ou *papier Joseph* tient son nom de *Joseph Mongolfier*, son inventeur; il provient d'étoffes de soie usées, ou de soie non filée. Le papier *vélin*, qui imite par sa blancheur et sa solidité le beau parchemin, est attribué à l'Anglais *Baskerville*.

CHAPITRE V

—

La navigation artificielle par les canaux est très-ancienne. Le grand canal creusé par les Egyptiens pour mettre Alexandrie et le lac Maréotis en communication avec le Nil en est la preuve ; et l'on croit aujourd'hui que la mer Rouge et la Méditerranée ont été réunies par des travaux d'art sous les Pharaons. Nous reviendrons tout à l'heure sur le percement direct de l'isthme de Suez, examinons d'abord ce qui a été fait précédemment.

L'ouverture d'un canal exige presque toujours un système de barrage destiné à retenir les eaux ; les Egyptiens ne l'ignoraient pas ; ils savaient aussi régler l'écoulement à l'aide de vannes. Néanmoins tous les canaux des Romains, dépourvus de digues, étaient comme des rivières naturelles, en pente douce. C'est à l'établissement des moulins à eau que le régime de la navigation intérieure doit ses améliorations en Europe. Par suite des barrages indispensables à l'installation des roues hydrauliques, on fut obligé d'imaginer les *écluses*, sortes d'escaliers d'eau, qui permettent d'élever successivement le niveau des divers bassins à franchir ; plus tard, on put substituer aux rivières « ces chemins qui marchent, » selon Pascal, d'autres voies navigables. L'invention des écluses, perdue sans doute, a été retrouvée au quinzième siècle en Italie. Un nom illustre dans les arts, *Léonard de Vinci*, est attaché aux travaux de canalisation, car ce grand artiste était aussi un savant ingénieur. Léonard de Vinci, au dire de M. Léon Lalanne, a un double droit à notre reconnaissance ; c'est à lui que nous devons non-seulement les perfectionnements qu'il apporta aux détails de construction, mais la connaissance même du système importé par lui en France, où l'on sait qu'il vint passer les quatre dernières années de sa vie (1515-1519). Il paraît qu'il fit sur la rivière de l'Ourcq le premier essai du mécanisme de ses écluses. La navigation artificielle la plus anciennement établie chez nous fut ensuite celle de la Vienne, entre Rennes et Redon ; les travaux commencés en 1538 furent achevés en 1575.

Malgré les avantages que la simple canalisation des rivières assure déjà au commerce par le transport facile des marchandises, les

INVENTIONS.

6

canaux qui relient entre elles deux mers ou deux grands cours d'eau ont une importance qui ne peut se comparer. *Adam de Craponne*, en 1517, conçut le vaste projet de réunir la Méditerranée à l'Océan par un *canal de partage;* il ne put mener cette œuvre gigantesque à bonne fin, empoisonné qu'il fut par des entrepreneurs dont il avait dénoncé les malversations. En 1642 l'achèvement du canal de Briare, sôus la direction d'*Hugues Crosnier*, donna au monde le premier exemple d'une ligne navigable entre deux rivières, la Loire et la Seine, n'ayant entre elles aucune jonction naturelle. Plus tard, *Riquet* perça le fameux canal du Languedoc. Quatorze années furent employées à ces travaux; Riquet mourut à Toulouse, le 1er octobre 1680, six mois avant l'inauguration de son œuvre. Depuis, la navigation par les canaux a fait d'immenses progrès; l'Europe est sillonnée en tous sens par ces cours d'eau artificiels. En France, les canaux font concurrence aux chemins de fer pour le transport des marchandises d'un grand poids, nos principaux bassins sont en communication les uns avec les autres par 14,500 kilomètres de voies navigables dues en partie à l'art des ingénieurs. Les seigneurs féodaux du moyen âge ne se doutaient pas qu'en multipliant les barrages dans le but de rançonner à leur guise les patrons des bateaux qui demandaient à passer, ils fourniraient aux ingénieurs futurs l'idée de l'invention des écluses et contribueraient ainsi à améliorer la navigation intérieure....

Le percement direct de l'*isthme de Suez*, entrepris par M. *Ferdinand de Lesseps*, est une de ces œuvres devant lesquelles l'imagination reste confondue. Tout est grandiose dans cette entreprise, les moyens d'action et les résultats. Il s'agissait en effet de transporter au milieu des déserts un peuple de travailleurs, de l'y entretenir, de le pourvoir d'un matériel énorme et d'entreprendre des travaux qui ont fait reculer le pouvoir absolu des Pharaons et des Ptolémées. Eh bien! un seul homme a tenté de réaliser ce projet inouï. Bientôt, sans doute, il aura le succès pour récompense. Alors cent cinquante millions d'Européens seront en communication avec sept cent millions d'Africains, d'Asiatiques et d'Océaniens, le cap des tempêtes sera supprimé, et de Port-Saïd à Suez une immense tranchée navigable unira la Méditerranée à la mer Rouge. La longueur totale du canal maritime est de 150 kilomètres, à cause des inflexions qui lui sont données pour mettre à profit tous les accidents du terrain. Le travail complet consiste à enlever 50 millions de mètres cubes de terre. Il a fallu construire un îlot en pleine mer, afin de ga-

rantir l'entrée du canal du côté de la Méditerranée des sables qui viennent du large.
Pareille chose ne s'était pas encore vue, car
cette entreprise est autant une œuvre de
persévérance qu'une œuvre de génie. Tous les
puissants moyens mécaniques dont l'industrie moderne dispose sont réunis dans ces
plaines stériles, transformées en immenses
chantiers, par l'activité de M. de Lesseps. Ici,
on bâtit des assises de rochers pour les di-
ues, on mêle le sable de la mer à la chaux,
on broie ce mélange dans de vastes caisses
cubiques pour en faire des blocs, on les ex-
pose au soleil, qui les durcit, puis on les coule
dans la Méditerranée pour servir de barrière
aux lames et mettre à l'abri la ville même qui
les a fabriqués ; là, de gigantesques dragues
creusent le sol, rejettent le sable ou la vase
sur les deux côtés du canal et forment les
berges destinées à protéger son lit contre les
empiétements du désert ; partout enfin la vapeur siffle, les excavateurs fouillent le terrain, les wagons glissent sur leurs rails de
fer, des villes se fondent, qui rapprochent la
civilisation de son berceau primitif. Jamais
l'intelligence humaine n'aura donné une
preuve plus éclatante de sa toute-puissance !

Parmi les grands travaux achevés depuis
peu, on cite la digue de Cherbourg, à l'entrée
du port de ce nom et jetée sur un fonds in-

connu, couvert de 10 à 15 mètres d'eau à la
marée basse, au milieu d'une mer bouleversée
sans cesse par la tempête. En 1784, un ingénieur, *de Cessart*, proposa de fermer la rade
avec une série de cônes tronqués en char-
pentes remplis de pierre sèches et surmontées
d'une construction paramentée en pierres de
taille. Ces cônes devaient former une sorte
de claire-voie pour diviser l'effet des lames
et assurer la tranquillité des navires au mouil-
lage. En quatre ans, dix-sept de ces assises
furent coulées; mais on fut obligé de renoncer à ce système et d'en adopter un tout dif-
férent, celui d'une digue en pierres. En 1818,
la solidité des ouvrages paraissait éprouvée,
lorsqu'un ouragan terrible souleva les flots, qui
balayèrent tout ce qu'ils rencontrèrent sur
leur passage. Ce désastre coûta la vie à 194
ouvriers et soldats. D'immenses travaux de
consolidation furent entrepris pour sauver la
digue d'une entière destruction; soixante-
sept millions environ ont été dépensés pour
donner à cette création aussi audacieuse que
gigantesque une fixité inébranlable.

Les souterrains qui servent au passage des
chemins de fer, d'un canal ou d'une route,
prennent le nom de *tunnels*. En général,
on perce un tunnel lorsque les frais de
tranchée à ciel ouvert seraient trop
considérables ; ce qui aurait lieu si la pro-

fondeur du déblai excédait 15 ou 20 mètres. Quand les souterrains sont courts, on
fait sortir les terres par les deux entrées que
l'on attaque à la fois ; lorsqu'ils sont longs,
on perce des puits verticaux par lesquels on
extrait les déblais. Un des tunnels les plus
remarquables est celui creusé sous la Tamise
afin de mettre en communication les deux
rives de ce fleuve sans gêner la navigation.
Ce tunnel, commencé en 1824, fut livré au
public le 23 mars 1843 ; il a 400 mèt. environ
de longueur, et n'a pas coûté moins de 15 à
16 millions. Le célèbre ingénieur français
Brunel père en dirigea les travaux.

Brunel (Marc-Isambert) est né en 1769, à
Hacqueville (Eure). Il émigra en 1793 aux
Etats-Unis ; puis revint se fixer en Angleterre, vers 1799. Il inventa à Londres divers
procédés pour confectionner la chaussure,
débiter le bois, fabriquer des poulies pour la
marine, et amassa une assez grande fortune.
Le tunnel sous la Tamise mit le sceau à la
réputation de Brunel. Cette longue galerie
souterraine ne put être ouverte sans d'ef-
froyables difficultés. Brunel sut parer à tous
les accidents. Au milieu du fleuve, la couche
d'argile qui séparait les ouvriers de la masse
liquide devint si mince, que des infiltrations
nombreuses se déclarèrent, et que l'eau fit
irruption dans les travaux. Pour combler le
trou, on jeta dans le lit de la Tamise, 3,000

mètres cubes de terre glaise et de gravier, puis avec de puissantes machines d'épuisement ou étancha les galeries, qui s'achevèrent non sans peine. Aujourd'hui encore, une machine à vapeur travaille sans relâche à neutraliser les infiltrations. Brunel père est mort en 1849. Son fils, qui le seconda dans toutes ses entreprises, naquit à Portsmouth en 1808, et fut un des premiers ingénieurs de la Grande-Bretagne ; il succomba à une attaque d'apoplexie, à l'âge de 53 ans, au moment des essais du navire colossal le *Léviathan*, construit d'après ses plans. Les deux Brunel étaient un peu les aventuriers de l'invention, et si l'on doit admirer l'audace de leurs entreprises, on peut aussi en contester l'utilité.

En France, les tunnels les plus considérables sont : celui du canal de Saint-Quentin, qui a 5 kilomètres, et celui de Mauvages, sur le canal de la Marne au Rhin, remarquable par sa longueur de 4,800 mètres. Les plus profonds sont ceux de la Nerthe (chemin de fer d'Avignon à Marseille), et de Blaisy, sur le chemin de Dijon, qui tous deux s'enfoncent à près de 200 mètres au-dessous des crêtes qu'ils traversent.

Mais, de toutes les entreprises de ce genre, la plus colossale est le percement du Mont-Cenis, qui doit mettre le réseau des chemins de fer italiens en communication non inter-

rompue avec les chemins français. Jusqu'à
présent, on avait pu, pour l'ouverture des galeries souterraines, percer différents puits qui
facilitaient les travaux par l'extraction commode des déblais. On multipliait d'ailleurs
par ce moyen les points d'attaque, et l'exécution du tunnel y gagnait encore en rapidité. Ici, ce système n'était pas praticable.
Comment, pour hâter les travaux, percer des
puits qui auraient eu 600 mètres au moins
de profondeur? Cette galerie ne pouvait donc
être attaquée que par ses deux extrémités,
l'extrémité française près du village de Mo-
dane, l'extrémité italienne près de celui de
Bardonnèche. Par les moyens ordinaires, on
n'eût avancé que bien lentement, et la ven-
tilation à de grandes distance des bouches
du souterrain eût été impossible. Il fallait
inventer un nouveau procédé très-expéditif
de percement et aussi un procédé de venti-
lation.

Habituellement, pour attaquer le rocher
dans les mines ou les tunnels, des hommes
y pratiquent des trous cylindriques plus ou
moins profonds, en appliquant contre la roche le taillant d'un fleuret sur lequel ils
frappent avec un marteau en le faisant tourner à chaque coup : ils versent ensuite de la
poudre dans ces trous, les bourrent, puis, en
y mettant le feu, font éclater la roche, qui se
brise en éclats, que les ouvriers retirent en-

suite. Cette opération, bonne lorsque la ven-
tilation est suffisante, ne pouvait s'effectuer
dans une profonde galerie où la poudre, en
brûlant, aurait rempli l'espace de vapeurs
méphitiques. MM. *Sommeiller*, *Grandis* et
Gratone, ingénieurs italiens, ont imaginé,
pour obvier à cet inconvénient capital, de
substituer d'abord à la poudre de guerre la
poudre de mine, qui produit moins de gaz
délétères, et de faire manœuvrer les fleurets
par les pistons de plusieurs machines à air
comprimé. Ce système fonctionne bien, mais
la fatigue qu'éprouvent les machines est énorme; on calcule que chaque machine donne
par année 7,250,000 coups de fleurets sous
une pression de 90 kilogrammes. Des appareils d'aérage sont aussi installés dans les
souterrains; le remplacement de la lampe à
huile par la lampe à gaz vicie moins l'air,
et l'on essaye maintenant d'employer le ful-
mi-coton au lieu de poudre, afin de réduire,
autant que possible, la quantité d'air impur,
que l'on chasse très-difficilement au dehors.
La galerie n'est percée avec des machines
que d'une ouverture de 3 mètres de haut sur
3 de large; t rminée, elle doit avoir 8 mètres
de hauteur et à sa base 10 mètres, on pro-
cédera à son élargissement soit avec des
moyens mécaniques, soit avec des hommes,
qui pourront agir sur un grand nombre de
points à la fois. Le percement, bien que com-

mencé en 1858, n'a été sérieusement pour-
suivi que depuis 1863. La longueur du tunnel étant d'environ 12,000 mètres, il restait à
percer au 1er avril 1865, 7,977 mètres. L'a-
vancement moyen obtenu par jour a été :
En 1863, de 2 mètres 02 ; en 1864, de 2 mètres 92 ; en 1865, de 3 mètres 75. Si la marche actuelle se soutient, le tunnel sera percé
en 1871. Peut-être trouvera-t-on encore des
procédés plus expéditifs? car, il est consolant
de le remarquer, les inventions manquent
rarement de venir en aide aux grandes entreprises.

Le chemin de ceinture continué sur la rive
gauche de la Seine autour de Paris, nécessi-
te un tunnel d'une grande étendue. Il passe
sous la plaine de Montrouge et n'a pas moins
de 950 mètres de parcours. Les travaux, qui
sont presque terminés, ont été menés avec
une extrême rapidité; mais là, on pouvait
employer les puits de forage de distance en
distance, et l'on ne rencontrait pas ces roches
de grès qui ont présenté tant d'obstacles
aux ingénieurs chargés du percement des
Alpes.

Il ressort des statistiques officielles concernant les chemins de fer français, que la
longueur cumulée des tunnels arrive au total
de 150,000 mètres. C'est-à-dire que, si on
alignait les souterrains du réseau, qui sont

au nombre de 306, on obtiendrait une longueur de 37 lieues.

Si les canaux et les chemins de fer demandent, dans certains cas, l'ouverture de ces longues galeries souterraines qui mettent à contribution toutes les ressources de la science contemporaine, ils nécessitent aussi la construction de *viaducs* pour réunir, sur d'autres points, les cimes des montagnes et franchir les vallées profondes qu'ils rencontrent sur leur passage. Comme type de ces ouvrages, on cite, en France, le viaduc du Val-Fleury, près Meudon, construit en 1840 ; sa longueur est de 140 mètres et sa hauteur est de 31 mètres ; sur le chemin du Nord, le viaduc de Comelle (près Creil) qui a 43 mètres d'élévation ; le viaduc de Nogent-sur-Marne, dont les quatre arches ont 50 mètres d'ouverture ; enfin les viaducs de Chaumont, sur la ligne de l'Est ; sur celle de l'Ouest, le viaduc de Mirville, etc. Le viaduc de Chaumont a coûté à lui seul 5,800,878 francs. Quant aux tunnels, les dépenses qu'ils entraînent sont encore plus considérables ; pour celui de la Nerthe, aux abords de Marseille, elles se sont élevées à la somme de 10,500,000 francs.

Mais les tunnels et les viaducs ne suffisent pas aux chemins de fer ; leur établissement exige que de nouveaux ponts à portées immenses soient jetés sur les rives des plus

larges fleuves et même à travers un bras de
mer, comme celui construit par Robert Stephenson pour réunir la côte du pays de Galles
à l'île d'Anglesey. Là, les difficultés paraissaient insurmontables. Il fallait que les piles
fussent assez écartées pour laisser passage
aux vaisseaux, et une hauteur de débouché
égale partout entre le niveau de la mer et le
tablier du pont, pour que deux vaissseaux
pussent passer de front, sans que leur mâture
et leur voilure fussent gênées par les arcades
des arches. Robert Stephenson jeta quatre
piles, distantes entre elles de cent quarante
mètres; et ne pouvant employer, sur une
aussi grande portée, ni la pierre, ni le métal, il inventa le *pont tubulaire.* Comme son
nom l'indique, le pont tubulaire est un tube
en tôle très-forte et très-épaisse, garni à l'intérieur de puissantes armatures en fer, posé
sur des piles. Les convois passent dans ce
tube comme dans un tunnel.

Les Américains, plus hardis que nous,
n'ont pas craint de lancer leurs convois sur
des *ponts suspendus,* et, voulant réunir les
Etats-Unis au Canada, ils ont jeté un pont
suspendu qui n'a pas moins de 240 mètres
de portée. Ce pont sans rival, d'une exécution hardie et effrayante, réunit à la fois
la puissance des ponts tubulaires de Robert
Stéphenson et celle des chaînes de fil de fer de
Marc Seguin ; cinquante-six haubans en fil de

fer le fixent au rocher. Ce pont a deux éta-
ges ou deux tabliers ; sur l'étage supérieur
circulent les trains, le tablier inférieur est
une route ordinaire (1). En Europe, la question des ponts supendus est très-controver-
sée, surtout pour le service des chemins de
fer. On craint l'ébranlement produit par le
passage des trains à grande vitesse. — Nous
enregistrons le fait sans prétendre le dis-
cuter.

Le pont de Kehl sur le Rhin, en face de
Strasbourg, est un des beaux spécimens des
ponts de chemins de fer. Il a été construit à
frais communs par le gouvernement badois
et la Compagnie de l'Est. Ce pont est à treillis
(système tubulaire) et n'a que quatre piles,
dont la fondation présentait des difficu'tés
exceptionnelles, en raison de l'extrême rapidité du courant et de la nature mouvante du
lit du fleuve. Il fallait d'ailleurs que les travaux fussent exécutés en moins de deux mois
pour chaque pile, sous peine de voir tout
emporté par la crue des eaux. Les moyens
employés pour fonder les assises de ce pont
à vingt mètres de profondeur dans le sable
méritent qu'on s'y arrête. L'air comprimé y
a joué un grand rôle.

---

(1) Ces détails sont empruntés aux intéressantes
conférences de M. *Perdonnet* sur les chemins de
fer.

Essayons de donner une idée du procédé.

On fit d'abord descendre dans le Rhin, à l'endroit indiqué pour chaque pile, un vaste caisson rectangulaire en forte tôle de fer, jusqu'à ce que la partie ouverte vînt reposer sur le sol ; puis avec une pompe refoulante d'une grande puissance, on envoya par un tube de l'air dans l'intérieur du caisson. Cet air, augmenté sans cesse par le travail de la pompe, ne tarda pas à peser sur l'eau qui remplissait la caisse métallique, à la chasser peu à peu complétement, de telle sorte que les ouvriers introduits alors dans cette cloche à plongeur d'une nouvelles espèce, purent creuser à sec le fond même du fleuve. Une drague remontait les déblais, tandis que la boîte de fer s'enfonçait graduellement dans le sable avec son escouade d'ouvriers. Au préalable on avait commencé à édifier sur la surface supérieure du caisson la maçonnerie de la future pile, et, à mesure qu'elle descendait, par suite des fouilles pratiquées à sa base par les travailleurs invisibles abrités sous elle, on continuait à la bâtir au-dessus du niveau de l'eau. Lorsque le caisson eut pénétré à 20 mètres environ dans le terrain, on l'emplit de béton : la pile était construite sur une assise inébranlable.

Nous ne pouvons décrire ici l'appareil avec ses clapets, ses sas à air, ses tubes et ses dragues, ainsi que les précautions prises pour faire entrer ou sortir les ouvriers ; mais le but de notre explication est d'exposer seulement le principe d'après lequel on construit maintenant les piles des ponts, car le procédé du pont du Rhin s'est beaucoup répandu.

On s'est justement demandé quelle influence ce séjour dans l'air comprimé pouvait avoir sur la santé des ouvriers. Il faut user de grands ménagements lorsqu'on passe de ce milieu à l'air libre. En quittant le travail, l'ouvrier est *décomprimé* graduellement ; il éprouve alors des bruissements dans l'oreille et des picotements à la peau, puis sa vue se trouble, il a froid ; quelquefois il se produit des hémorrhagies, des congestions ; ces effets dépendent, du reste, beaucoup de la constitution de l'homme et de son état de fatigue. En général, et sauf quelques rares exceptions, il ne semble pas que l'économie soit affectée lorsque le travail ne dure pas plus de dix ou quinze jours. En ayant soin de renouveler le personnel toutes les semaines, les ouviers courent peu de dangers

CONCLUSION

———

L'exposé que nous venons de faire des principales inventions et des découvertes les plus importantes est bien court, trop court même, puisque nous avons dû laisser de côté un grand nombre de faits scientifiques et passer sous silence les travaux de beaucoup d'hommes remarquables à divers titres. Mais s'il fallait résumer l'histoire de tous les progrès qui ont amené successivement l'humanité à l'état de supériorité relative où elle est parvenue, à peine la grande Encyclopédie suffirait-elle. D'ailleurs, s'il est utile, à certaines époques, de faire l'inventaire des richesses intellectuelles, il est nécessaire, dans tous les temps, de vulgariser les connaissances générales dont les lois reçoivent chaque jour de nouvelles applications. C'est cette dernière tâche que nous avons cherché à accomplir dans la mesure de nos forces, en signalant à la reconnaissance populaire les noms de ceux qui ont contribué à ouvrir aux travailleurs de plus larges horizons.

Nous voyons qu'il résulte de ce qui précède que les nations aujourd'hui prépondérantes sont surtout celles dont l'industrie est toujours prête à mettre en œuvre les enseignements de la science. Leur atelier savamment organisé les protége contre toutes les éventualités et sur le terrain des échanges et sur le terrain des combats. Un outillage plus complet leur assure partout la suprématie. La guerre elle-même, cette expression suprême et dernière de la force brutale, n'emprunte-t-elle pas aux procédés scientifiques et industriels les éléments de ses triomphes ? Le célèbre ingénieur suédois *Erickson* est moins connu peut-être par ses moteurs à air dilaté que par la construction du fameux *Monitor*. La lutte de ce formidable engin de destruction contre le *Mérimac*, bardé de fer comme lui, a réalisé les fabuleuses passes d'armes des héros de l'Arioste et du Tasse. De toutes parts, les navires cuirassés remplacent les navires de bois ; et de nouveaux canons se fondent pour percer de leurs boulets énormes les carapaces métalliques de ces testacés automates, enfantés par l'industrie américaine au milieu des déchirements de la guerre civile.

C'est encore à la science et à l'industrie que les armes à feu demandent une justesse

plus grande et une portée inconnue jusqu'a-
lors. Tout soldat devient un but à atteindre
mathématiquement; on détruit un corps
d'armée comme une forteresse. Les canons
rayés et les fusils à balles coniques sont des
instruments de précision. De nouvelles inventions viennent chaque jour rompre l'é-
quilibre entre les forces destructives, comme
si la chimie, la physique et la mécanique
devaient avoir enfin le dernier mot dans les
arts de la guerre, aussi bien que dans les
arts de la paix.

Mais nous ne discuterons pas cette thèse.
Restons dans les sphères sereines du progrès et de la civilisation. La science a un but
supérieur ; elle ne détruit pas, elle féconde ;
elle n'abrége pas la durée de la vie, elle
l'augmente. Cela est si vrai, que l'on peut
juger toute invention et toute découverte
par la somme de temps qu'elle ajoute à la vie
active, à la vie réelle. Et il ne s'agit pas seulement ici d'une existence plus ou moins bien
remplie, dont les limites ne varieraient cependant pas.

Dans ce cas, en effet, les résultats obtenus
sont si évidents, que personne ne peut songer
à comparer l'espèce de vie végétative des
peuples de l'Orient à la vie ardente qui em-
porte la race anglo-saxonne à travers les
faits et les choses.

On a calculé cent fois déjà les jours qu'é-

conomise aux nations civilisées la locomotion
rapide des chemins de vapeur. Le temps, disait B. Franklin, est l'étoffe dont la vie de
l'homme est faite ; économie de temps, aug-
mentation de vie sont donc deux termes cor-
rélatifs. Mais toutes les causes du perfectionnement de l'espèce humaine, contenues
en germe dans le développement des sciences, tous les moyens qui l'assurent dès à présent, doivent, par leur nature, exercer une
action de plus en plus active et de plus en
plus croissante. A mesure que l'homme connaît les lois du monde physique, il s'affran-
chit davantage de l'empire du hasard ; mieux
il sait s'y conformer, et mieux, en maîtrisant
les mauvaises chances, il accroît sa longé-
vité probable. « Serait-il absurde de suppo-
ser, écrivait Condorcet à la fin du dernier
siècle, que le perfectionnement de l'espèce
humaine doit être regardé comme susceptible
d'un progrès indéfini, qu'il doit arriver un
temps où la mort ne serait plus que l'effet,
ou d'accidents extraordinaires, ou de la destruction de plus en plus lente des forces vi-
tales et qu'enfin la durée de l'intervalle
moyen entre la naissance et cette destruction n'a elle-même aucun terme assignable ?
Sans doute l'homme ne deviendra pas immortel, mais la distance entre le moment où
il commence à vivre et l'époque commune
où, naturellement, sans maladie, sans acci-

dent, il éprouve la difficulté d'être, ne peut-elle s'accroître sans cesse?» (1) Condorcet admettait l'hypothèse d'un accroissement indéfini de la durée moyenne de la vie humaine par l'amélioration successive des milieux ; il étendait même ses espérances jusque sur les facultés intellectuelles et morales. Il faudra sans doute encore bien des années pour conjurer une faible partie des causes qui combattent contre l'homme, mais ce mal profond qu'on appelle la misère peut au moins être enrayé dans sa marche, en attendant qu'il disparaisse.

C'est dans ce sens qu'ont travaillé les inventeurs dont nous avons parlé ; faire mieux et plus vite, n'est-ce pas augmenter les forces dont la société dispose ? Trouver un nouveau moteur, n'est-ce pas accroître la richesse publique? Sous ce rapport *Hargreaves*, l'inventeur de la mull'jenny ; *Arkwight*, l'auteur du métier à filer le coton ; *Philippe de Girard*, le créateur de la filature mécanique en France et qu'Arago appelait « un maréchal de l'industrie mort sur la brèche, » Vaucanson, Jacquart, etc., tous ces hommes ont plus fait pour l'humanité que les plus illustres batailleurs. Eux aussi, ils ont eu à lutter, à combattre, non contre des étrangers, mais contre leurs propres concitoyens. Les ouvriers ont

(1) *Des Progrès de l'esprit humain.*

brisé leurs machines et leurs métiers. Arkwight en Angleterre, Jacquart à Lyon ont
été maudits par la population qui puisa plus
tard sa prospérité dans leurs inventions.

Ces préventions hostiles contre les inventeurs sont en vérité bien funestes, et si les
préjugés qu'inspirent les nouvelles découvertes étaient fondés, il faudrait convenir
que la condition humaine serait étrangement
contradictoire. Quoi! le progrès de la science
serait l'ennemi du bien-être de la masse?
Entre le développement de la production et
les moyens de l'utiliser, il n'y aurait pas de
relation naturelle? L'amélioration sociale
serait une chimère? Cela n'est pas, heureusement. Les progrès de la science appliquée,
comme ceux de la science abstraite, comme
ceux de la liberté et de la raison publique,
concourent tous à une même fin, qui est la
diffusion de plus en plus grande de tout ce
qui peut contribuer à l'affranchissement du
peuple et à son élévation physique et morale.
Le métier d'Arkwight, qui devait affamer les
ouvriers anglais, fait vivre aujourd'hui près
de deux millions d'individus, et tous les tis-
seurs de la Croix-Rousse bénissent le nom
de Jacquart.

Ces revirements d'opinion sont doublement
tristes, car ils dénotent une profonde igno-
rance ; l'enthousiasme n'est souvent pas plus
justifié que la colère. Nous avons essayé pré-

cédemment de montrer que presque toutes
les inventions procèdent les unes des autres,
l'histoire du *métier Jacquart* en est la
preuve. Le musée d'art et d'industrie de
Lyon possède des métiers modèles qui donnent une idée aussi nette que possible des
transformations subies par la mécanique des
tissus de soie jusqu'à nos jours. On y voit
d'abord l'ancien métier égyptien, que les
Grecs employèrent à leur tour, puis le métier chinois primitif et le métier à étoffes
façonnées, qui est encore en usage chez ce
peuple. On trouve ensuite : Le métier de
Jean le Calabrais, importé en France au
quinzième siècle, sous le règne de Louis XI. Il
fut monté à Tours par ordre du roi. On n'y
peut guère tisser que des étoffes à deux couleurs ; l'ouvrier tisseur travaillait seul.

Continuons par ordre de dates :

En 1620, *Dagon*, ouvrier lyonnais, invente
le métier dit à la *grande tire.* On tissait sur
ce métier des étoffes *grand façonné,* à trame
brochée et lancée, ainsi que des velours fa-
çonnés, qui, avant cette invention, ne s'é-
taient produits qu'en unis. Il occupait quatre
tireurs de lacs, plus le tisseur.

En 1687, *Galantier* et *Blache* inventèrent
à Lyon le métier dit *petite tire*, qui fait
moins perdre de temps à l'ouvrier que le
précédent.

En 1725, *Basile Bouchon*, ouvrier passementier, imagine le métier pour petit façonné. C'est de cette époque que datent la première aiguille dite Jacquart et le dessin lu sur papier sans fin, au moyen de trous percés.

Ce métier n'exigeait plus que la force d'un enfant pour remplacer le tireur de lacs. Cette découverte est le point de départ de la mécanique dite Jacquart.

De 1728 à 1734, on trouve le métier à grand façonné, suite du métier de Basile Bouchon, et l'invention des griffes et des crochets par *Falcon*. Le dessin est alors lu sur des bandes de cartons percés et enlacés comme aujourd'hui.

En 1744, *Vaucanson* invente le métier dit Jacquart avec *cylindres ronds*. Ce métier marche automatiquement ; il a fourni à Jacquart l'idée mère de son système.

En 1766, *Ponçon*, ouvrier tisseur, crée le métier pour faire plusieurs armures, dites *accrochages*.

En 1798, le métier petit façonné, dit *ligature*, est dû à *Verzier*, tourneur en bois ; enfin, en 1804, *Jacquart* applique le carton de *Falcon* à la machine de *Vaucanson*, et y substitue le *cylindre carré*. Cette combinaison est encore perfectionnée, de 1812 à 1815, par *Breton*, mécanicien à Lyon, qui invente l'étui du battant, la presse et la pièce coudée, et le métier dit Jacquart est définitivement organisé.

On voit par cette simple énumération combien d'inventeurs ont constitué le métier à
tisser la soie, et combien il serait injuste et
contraire à la vérité de dépouiller les devanciers au bénéfice de Jacquart. En arrachant
l'enfant tireur de lacs à l'assemblage des
cordes verticales qu'on nomme la *sample*, le
brave contre-maître de Lyon a mérité la statue qu'on lui a élevée, mais les faiseurs de
biographies en ont fait à tort une espèce de
personnage légendaire.

Eh bien! on agit de même à l'égard de
presque tous les inventeurs, dont les noms,
par une circonstance quelconque, frappent
les oreilles de la foule. Aussi qu'arrive-t-il ?
C'est qu'habitué à croire aux individus d'après
ce qu'on raconte d'eux, on leur accorde le
pouvoir de bouleverser du jour au lendemain
le monde économique. Plus éclairés, au contraire, les ouvriers sauraient que les perfectionnements qui peuvent les menacer tempo-
rairement ne s'introduisent que peu à peu,
sans secousse, et ne font pas baisser les sa-
laires tout d'un coup.

De tout cela, se tire cette conclusion naturelle, que les ouvriers doivent, dès à présent, chercher à s'instruire par tous les
moyens possibles. Les machines, dans un
avenir plus ou moins proche, suppléeront les
hommes ; ceux-ci doivent donc s'initier aux
fonctions directrices, car plus la société est

avancée et plus l'ignorant trouve de difficultés à vivre.

A mesure d'ailleurs que les connaissances théoriques se vulgariseront, l'industrie se perfectionnera; ses produits, obtenus avec moins de peine, deviendront accessibles à tous. Sans doute, l'homme ne cessera jamais d'être soumis à l'obligation de créer par lui-même les éléments de son bien-être, mais chacun, du moins, pourra manifester toutes les facultés de sa nature et participer, dans une proportion dont sa capacité et son travail détermineront le rapport, à toutes les jouissances de la civilisation. Ce programme, qui n'a rien d'utopique, est, nous en avons la conviction profonde, celui de l'avenir.

TABLE DES MATIÈRES

—

CHAPITRE IV.

CHAPITRE V.

L'ÉCOLE MUTUELLE

COURS D'ÉDUCATION POPULAIRE

EN 24 VOLUMES

(Format de la *Bibliothèque nationale*)

RÉDIGÉ

par une société de Professeurs et de Publicistes

5, RUE COQ-HÉRON, 5

CATALOGUE :

La Grammaire. — L'Arithmétique et Tenue de Livres. — Dessin linéaire et Géométrie. — Géographie générale. — Géographie de la France. — Cosmographie. — Musique. — H.

toire naturelle. — Botanique. — Agriculture. — Physique. — Chimie. — Hygiène et Médecine. — Histoire ancienne. — Histoire du moyen âge. — Histoire moderne. — Histoire de France. — Droit usuel. — Philosophie et Morale. — Mythologie et Histoire des Religions. — Histoire littéraire. — Inventions et Découvertes. — Dictionnaire de la Langue française usuelle.

—

EN VENTE :

1o GRAMMAIRE FRANÇAISE, d'après les meilleurs maîtres.

2o ARITHMÉTIQUE, par COLLIN, ancien instituteur, suivie de *Notions sur la tenue des livres.*

3o HISTOIRE NATURELLE ÉLÉMENTAIRE, par A. YSABEAU, ornée de 50 gravures sur bois, par E. YSABEAU.

4o AGRICULTURE, par P. JOIGNEAUX.

5o COSMOGRAPHIE, par J. RAMBOSSON, ornée de 10 gravures.

6o GÉOGRAPHIE GÉNÉRALE, par R. FLÉCHAMBAULT.

7o-8o PHYSIQUE, par M. G. FRANCOLIN (2 volumes).

9o CHIMIE, par le même.

10o MUSIQUE, par A. MÉLIOT.

11o HYGIÈNE, par A. YSABEAU.

12o BOTANIQUE, par A. YSABEAU, ancien professeur d'histoire naturelle, ornée de 40 gravures sur bois.

13o DROIT USUEL, par Armand MASSON, docteur en droit.

14o MYTHOLOGIE et Histoire des Religions, par A. GENTY.

————

SOUS PRESSE :

GÉOGRAPHIE DE LA FRANCE.

HISTOIRE ANCIENNE ET MODERNE.

HISTOIRE DU MOYEN-AGE.

Paris. — Imp. de Dubuisson et Cⁱᵉ, rue Coq-Héron, 5.

www.ingramcontent.com/pod-product-compliance
Lightning Source LLC
Chambersburg PA
CBHW060545210326
41519CB00014B/3358